沿線の魅力を印象的に見せる
吉田初三郎の鉄道鳥瞰図

大衆を惹きつけた初三郎の鉄道鳥瞰図には、4つの魅力があった。
それらの魅力の裏に隠された初三郎の思考を読み解く。

青森県八戸市の種差に建てたアトリエ・潮観荘での制作風景。同所は1936（昭和11）年から1953（昭和28）年まで拠点であった。
（所蔵：増永孝子）

初三郎の「鉄道鳥瞰図」とは？

明治時代末の私設鉄道法、大正時代半ばの地方鉄道法といった法律の公布や、第一次世界大戦や関東大震災などの出来事を契機として、大正時代から昭和初期にかけて、全国各地で私鉄の開業が相次いだ。それに伴い、各鉄道沿線の観光ガイドも多数刊行されることとなる。鳥瞰図は当時の観光ガイドの主流であった。

吉田初三郎は、1913（大正2）年に「京阪電車御案内」で初めて鳥瞰図を手掛け、鳥瞰図絵師の第一人者となった。1927（昭和2）年に決定した「日本新八景」の当選地の鳥瞰図を描き、1930（昭和5）年に鉄道省国際観光局の初代嘱託画家に就任したことで、鉄道各社や沿線の自治体・観光協会からの依頼が引きも切らず、鳥瞰図絵師としての最盛期を迎えている。

本書には、吉田初三郎が手掛けた膨大な数の鳥瞰図のなかでも、厳選した60点の「鉄道鳥瞰図」を収録した。なお、本書における「鉄道鳥瞰図」とは、鉄道会社から依頼を受けた作品のほか、名称に「沿線名所図絵」「交通鳥瞰図」などを付した作品も含む。

初三郎作品の魅力❶ デフォルメ

初三郎式鳥瞰図の最大の特徴は、最も強調したい部分を画面の中心近くに据え、その周辺を極端に湾曲させる独自のデフォルメである。初三郎は、江戸時代以前の名所図絵や鳥瞰図の画法を踏襲し、交通機関を起点として目的地や観光名所への経路をわかりやすく伝えている。昭和初期の彼の鉄道鳥瞰図には、新しく路線が開業したことを周知しようとする意図が見える。

初三郎作品の魅力❷ 新規画風の模索

路線の延伸や合併による鉄道網の発展は、初三郎の表現にも大きく影響した。エリアが広範となり、情報量が増大したのだ。依頼主の要望も変化し、沿線のイ

1919（大正8）年、国鉄（現JR）の前身である鉄道院のポスター。初三郎によって、当時の日本が管轄していた日中韓の鉄道路線が描かれている。

1914（大正3）年に発行された初三郎の初期の代表作「耶馬溪御案内」の表紙。銀色などを贅沢に使用した多色刷りで仕上げられている。

メージを伝えることから、開発する沿線住宅地の環境を伝えることを重視した。そういった時代のニーズに合わせ、初三郎は常に新しい画風を模索している。

初三郎作品の魅力❸ 独特の遊び心

初三郎の鳥瞰図の多くには、富士山や東京、彼が画室を構えた愛知県の犬山などが描き込まれている。さらに、決して望めるはずのないハワイやウラジオストックといった外国都市まで描き込んだ。このサービス精神や遊び心でも、大衆の心をつかんでいる。

むろん測量地図のような正確さには欠けるが、細部を観察すると、方向感覚や距離感は実用的な範囲で表現されている。実用性と娯楽性を兼ね備えた感覚的な想像地図であることが、鉄道網の発達による旅行ブームの中心に初三郎がいた一因であろう。

初三郎作品の魅力❹ 絵に添えて一筆

初三郎作品には「絵に添えて一筆（ひとふで）」という文章が添えられている。描かれた景勝地の紹介に加え、制作のきっかけや作画過程のエピソード、絵に対する想いも記されており、彼の作品研究に欠かせない情報である。また、戦後の作品には、記録画として後世に活用されることを願う一文が添えられたものもあり、近年の作品再評価につながっている。

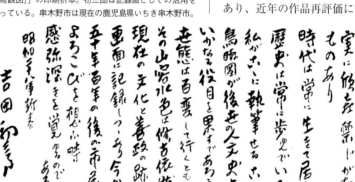

1953（昭和28）年発行の「串木野市観光と産業[串木野市鳥観図]」の印刷折本。初三郎は記録画としての活用を願っている。串木野市は現在の鹿児島県いちき串木野市。

現在のJR南武線が、私鉄の南武鉄道として1927（昭和2）年に開業した際、制作された「南武鉄道図絵」。初三郎の鳥瞰図の特徴が詰め込まれている。

絵に添へてひとふで

串木野に市制ひしかれ歴史的なる初代市長橋口行彦氏の高唱を拝し本岡さんに謹作のすゝめを大いに謹察にがたき時代は常に生きて居り歴史は常に歩みている私が大いに執筆せるこの鳥瞰図が後世の文史上に、いかなる役目を果すであらうかその山紫水色は依然として現在の文化と善政の跡を画面に記録しつゝもぁり今から五十年百年の後の市民のよろこびを想ふ時感弥深きを覚ゆるのである

昭和廿八年新春　吉田初三郎

1934（昭和9）年に発行された「景勝の長崎[長崎市鳥瞰図]」の絹本肉筆画。長崎本線（現JR長崎本線）の長崎港駅（現在は廃止）への延伸と、同年の長崎国際産業観光博覧会の開催に合わせて制作された。近年、この肉筆画とは別の肉筆画が発見され、印刷版は2点の肉筆画を加味した内容であることが判明した。初三郎による最初の実地踏査から2年後に刊行されており、その間の街の変化を踏まえて描き直したものと考えられる。

「大正の広重」と呼ばれた
吉田初三郎の生涯と鳥瞰図制作

高度なスケッチ力と、アートディレクターとしての構成力をもとに、
多くの作品を残した初三郎の生涯と制作の裏側に迫る。

関東大震災を機に愛知県犬山市へと移り住み、工房を構えた。写真は、「蘇江画室」と称したその仕事場で鳥瞰図を制作する吉田初三郎。

その生い立ちと鳥瞰図を手掛けるまで

1884(明治17)年に京都で生まれた吉田初三郎は、貧しい母子家庭で育つ。十代で京都三越の友禅図案部に職工として採用され、画業の第一歩を踏み出した。

その後、1904(明治37)年に勃発した日露戦争に従軍して満州各地を転戦し、除隊後には単身上京して美術予備校で絵画の基礎を学んでいる。

1908(明治41)年に京都へと戻った初三郎は、創立されたばかりの関西美術院に入り、同院院長で洋画家の鹿子木孟郎に師事する。鹿子木から「洋画界のためにポスターや広告図案を描く大衆画家となれ」と指導された初三郎は、当時パリで隆盛を誇っていた商業美術(デザイン)の道へと進んだ。

1913(大正2)年、初三郎は京阪電鉄の依頼を受けて「京阪電車御案内」を手掛ける。鳥瞰図としての処女作であった。この作品が皇太子(後の昭和天皇)から「これは奇麗で解り易い」と嘉賞されたことで、世間から注目を浴びることとなり、若き初三郎は「名所図絵こそが、生涯をかけて進むべき図画報国の道だ」と発奮した。

以後、初三郎は1955(昭和30)年に71歳で没するまで、生涯に約2千点にのぼる名所図絵や鳥瞰図を描いた。最晩年には、昭和天皇の御巡幸に際して各地の鉄道管理局から鉄道鳥瞰図を依頼されて制作している。

現地主義と分担による「初三郎式」

吉田初三郎の鳥瞰図は、「初三郎式」と呼ばれる独特の方式である。鳥瞰図の制作手法の基本となるのは「現地主義」。綿密な現地取材・踏査スケッチを行ったうえで、その土地の風土や伝説までを盛り込んだ。

そして、工房形式で作業を分担しながら、多い年には年間100点もの作品を生み出した。作品の進化には、弟子の技量の向上も密接に関係する。初三郎代理として工房をまとめた前田虹映を筆頭に、吉田朝太郎や中村治郎など、10人前後の弟子がいた。

京阪電車御案内　1913(大正2)年

「京阪電車御案内」の初版。吉田初三郎が初めて手掛けた鳥瞰図である。当時流行していたアール・ヌーヴォーの美術様式の特徴を意識して描かれた。皇太子(昭和天皇)はこの初版を見て賞賛したとされる。(所蔵:石黒三郎)

初三郎は制作を総指揮する立場にあり、彼がまず作品の構想を練って下図を描き、着色などは有力弟子が行った。驚異的な多作で、作品ごとに完成度の差があったのはそのためである。商業第一主義を打ち出したこともあり、美術画壇の評価の対象外だった。

当時の最新技術を駆使した印刷芸術

鳥瞰図を「印刷芸術」と捉えていた初三郎は、最先端技術を用いて作品を量産した。彼は制作工程について、「①実地踏査写生、②構想の苦心、③下図の苦心、④着色、⑤装幀・編纂、⑥印刷」と紹介している。

現在はデザインから印刷版の作成までを一貫してパソコン上で行えるが、100年以上も前の大正時代は、石版印刷（リトグラフ）が印刷の主流。初期の初三郎作品は、原画（肉筆画）をもとに画工が手描きで線を模写し、印刷版がつくられていた。このため、石版印刷時代の作品の絵柄や色調は単純であった。

1923（大正12）年に関東大震災が起こると、被災した印刷会社が最新のオフセット印刷機を導入したことをきっかけに、全国的にオフセット印刷機の導入が進んだ。以後、初三郎は線を極力シンプルにして、力強さを全面に出した構図で原画を描くようになる。また、通常のオフセット4色カラー印刷では表現できなかった肉筆画の色彩は、十数度の多色刷りによって鮮やかに再現できるようになった。

1930年代になると、絹本肉筆画の風合いをそのまま印刷版に転用できるカラー写真製版技術が向上する。印刷会社の画工に代わって、弟子たちが印刷版の線画（トレース画）を描くことも可能になり、より繊細な画風が完成した。

戦時下での制作の制限と戦後の活動

時代が日中戦争へと向かうと、政府の情報統制により、交通機関などの都市インフラを描く鳥瞰図の制作は厳しく制限され始める。初三郎は、1936（昭和11）年に犬山・蘇江画室（愛知県犬山市）の工房を解散し、種差海岸・潮観荘（青森県八戸市）に画室を移した。

日中戦争が始まると、寺社仏閣図などの制作を中心に細々と活動し、従軍画家として戦地へも赴いている。太平洋戦争勃発後は熊本県へ疎開し、1947（昭和22）年まで滞在した。終戦直後には、綿密な聴き取り取材をもとに「廣島原爆八連図」などを描いている。

1949（昭和24）年以降は、昭和の大合併により、全国の自治体から鳥瞰図の依頼が殺到した。晩年は、故郷の京都を拠点としたが、原爆症に悩まされ、画力や視力が衰えたため、吉田朝太郎（二代目吉田初三郎）らが活動を支えた。

実地踏査写生の苦労を表現した初三郎直筆の漫画（『大正広重物語』より）。

弟子との共同作業で作品を生み出していることを伝えた初三郎直筆の工房風景（『大正広重物語』より）。

◎吉田初三郎の生涯

年（元号）	できごと
1884（明治17）	京都に生まれる（生名は泉初三郎）。1歳で父を亡くし、以後吉田姓に。
1894（明治27）	尋常小学校4年を修了後、友禅図案絵師の家に奉公。その後、京都三越の友禅図案部に勤務。
1907（明治40）	単身で上京し、絵を学ぶため東京白馬会に入会。翌年、京都に戻り、鹿子木孟郎と出会う。
1913（大正2）	京阪電鉄の依頼で「京阪電車御案内」を描く。翌年、皇太子（後の昭和天皇）に賞賛される。
1916（大正5）	京都に大正名所図絵社を設立。
1921（大正10）	大正名所図絵社を東京に移転。『鉄道旅行案内』の装幀および挿画を担当。
1923（大正12）	関東大震災で被災し、名鉄の保養地「蘇江倶楽部」（愛知県犬山市）に拠点を移す。その後、大正名所図絵社を「観光社」に改称。
1928（昭和3）	雑誌『旅と名所』創刊号にて「如何にして初三郎式鳥瞰図は生まれたか」を執筆。
1930（昭和5）	鉄道省国際観光局キャンペーン「美の國日本」のポスターを制作。
1934（昭和9）	翌年開催の台湾博覧会の宣伝ポスター制作のため、台湾を写生旅行。
1936（昭和11）	犬山から種差（青森県八戸市）に拠点を移す。翌年勃発した日中戦争により、鳥瞰図制作が制限される。
1942（昭和17）	熊本県佐敷町（現熊本県葦北郡芦北町）に疎開し、佐敷画室を構える。
1948（昭和23）	鳥瞰図の制作依頼が増え、活動を本格的に再開。
1955（昭和30）	京都で没する（没年71歳）。

Contents

吉田初三郎の鉄道鳥瞰図 ……………………………… 2

吉田初三郎の生涯と鳥瞰図制作 …………………… 4

第1章　大正3年から大正15年までの作品

京阪電車御案内 ……………………………………… 10

近江鉄道沿線及院線と諸国の関係 ……………… 12

江ノ島電車御案内 …………………………………… 14

日光電車沿線名所図絵 …………………………… 16

越後鉄道沿線名所図絵 …………………………… 18

秩父鉄道名所図絵 ………………………………… 20

湯平温泉名所図絵 ………………………………… 22

青梅鉄道沿線名所図絵 …………………………… 24

塩原電車沿線図絵 ………………………………… 26

湊鉄道沿線名所図絵 ……………………………… 28

筑波山名所図絵 …………………………………… 30

東武鉄道沿線名所図絵 …………………………… 32

大軌電車沿線名所図絵 …………………………… 34

萩を中心とせる付近名所図絵 …………………… 36

新和歌ノ浦名所図絵 ……………………………… 38

山陽第一荒瀧山名所図絵 ………………………… 40

銚子遊覧交通名勝鳥瞰図絵 ……………………… 42

目黒蒲田東京横浜電鉄沿線案内鳥瞰図 ……… 44

木暮旅館を中心とせる伊香保榛名の名所交通図絵 … 46

天下無二耶馬全渓の交通図絵 ………………… 48

コラム　ガイドブック『鉄道旅行案内』………… 50

コラム　ポスター作品 …………………………… 52

第2章　昭和2年から昭和4年までの作品

小田原急行鉄道沿線名所図絵 ………………… 54

松山道後を中心とする名所交通図絵 ………… 56

北九州鉄道沿線名所遊覧図絵 ………………… 58

高野山電車沿線名所図絵 ……………………… 60

京王電車沿線名所図絵 ………………………… 62

富士身延鉄道沿線名所鳥瞰図 ……………… 64

養老電鉄沿線名所図絵 ………… 66	井笠沿線を中心とせる備南名所交通図絵 ………… 96
水浜電車沿線名所案内 ………… 68	梅小路駅を中心とせる京都近郊鳥瞰図絵 ………… 98
赤穂鉄道沿線名所遊覧交通鳥瞰図 ………… 70	神戸市名所交通図絵 ………… 100
土佐電気沿線名所大図絵 ………… 72	参宮急行電鉄沿線名所図絵 ………… 102
宮島廣島名所交通図絵 ………… 74	九軌沿線御案内北九州図絵 ………… 104
鞍馬電鉄沿線名所交通鳥瞰図 ………… 76	大井川鉄道沿線名所図絵 ………… 106
奈良電車沿線を中心とせる鳥瞰図絵 ………… 78	定山渓電鉄沿線名所図絵 ………… 108
北九州の仙境小倉鉄道沿線名所図絵 ………… 80	下関及び長府を中心とせる鳥瞰図 ………… 110
神戸有馬電鉄沿線名所交通図 ………… 82	琴平急行沿線名所鳥瞰図 ………… 112
日本ラインを中心とせる名古屋鉄道沿線名所図絵 ………… 84	福武電鉄及南越鉄道沿線名所図絵 ………… 114
肥前鹿島祐徳稲荷神社参拝交通名所図絵 ………… 86	淡路鉄道沿線名所鳥瞰図 ………… 116
コラム 災害復興のシンボルとなった鳥瞰図 ………… 88	名岐鉄道全線名勝鳥瞰図 ………… 118
	三呉線沿線鳥瞰図 ………… 120
	博多湾鉄道沿線名勝図絵 ………… 122
	コラム 都市鳥瞰図の中の鉄道関連施設 ………… 124

第3章 昭和5年から昭和12年までの作品

旭川市を中心とせる名所交通鳥瞰図 ………… 90	
湘南電鉄沿線名所図絵 ………… 92	
長野電鉄沿線温泉名所交通鳥瞰図 ………… 94	

第4章 昭和28年から昭和30年までの作品

日本国有鉄道仙台鉄道管理局管内鳥瞰図	126
島原鉄道バス景勝鳥瞰図	128
みちのくの旅	130
庄内交通路線景勝鳥瞰図	132
新潟鉄道管理局管内温泉鳥瞰図	134
国鉄奥羽本線青森福島間沿線景勝産業鳥瞰図	136
コラム　絵葉書・記念乗車券・栞	138

おわりに	140
地域別索引	142

編集部注：とくに記載のないもの以外、本書掲載の作品はすべて著者の所蔵です。
　　　　　鳥瞰図は、刊行当時に頒布された印刷折本（パンフレット）をもとにしているため、汚れやかすれ、折り目などが目立つものもあります。
　　　　　また、本書で解説している鉄道沿線に関する情報は、鳥瞰図に描かれている内容にもとづいています。なお、停留場や駅、路線などは、開業前や計画時点の段階で鳥瞰図に描かれている場合もあり、実際とは異なる可能性があります。

第1章
大正3年から大正15年までの作品

初三郎の揺籃期といえる時期。初めての鳥瞰図「京阪電車御案内」を手掛けた翌年の1914（大正3）年、初三郎が写生旅行をしていると京阪電鉄から電報が届く。そこには「皇太子殿下より『これは奇麗で解り易い東京に持ち帰って学友に見せたい』の言葉を賜った」とあった。これに発奮した初三郎は以後、鳥瞰図の制作に邁進。1921（大正10）年の『鉄道旅行案内』のヒットで名声を得ると注文が集まり、多くの鳥瞰図を生み出していく。

京阪電車御案内

- ▶出版物の表題：京阪電車御案内「京阪電車御案内」
- ▶発行：京阪電気鉄道　▶発行年月日：1914（大正3）年
- ▶路線：京阪本線　▶地域：大阪府・京都府
- ▶開業年月日：1910（明治43）年4月15日　▶現在の路線：京阪電気鉄道

所蔵：石黒三郎

表紙　全体

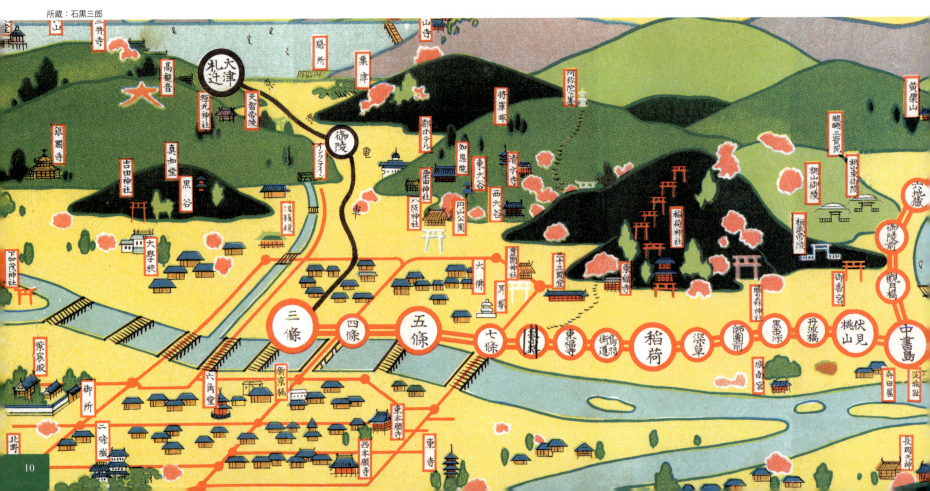

淀川沿いの沿線名所を描いた初三郎の鳥瞰図処女作

　京阪電気鉄道（初代）は、1910（明治43）年4月に現在の京阪本線天満橋～五条駅間で開業し、1915（大正4）年10月に三条駅まで延伸するなど路線網を拡大した。1914（大正3）年5月に日本初の電車による急行運転（深夜1往復）を開始。翌年には日本初の色灯三位式自動閉塞信号機を導入して、昼間帯の急行運転も行った。1927（昭和2）年8月には日本初の全鋼製ロマンスカーを新造し、1933（昭和8）年に民営鉄道初の複々線の運用を開始した。戦時下の陸上交通事業調整法により阪神急行電鉄と合併し、京阪神急行電鉄となる。1949（昭和24）年12月、同社より京阪本線・交野線・宇治線・京津線・石山坂本線の各路線が分離譲渡される形で京阪電気鉄道（二代目）が発足した。

　吉田初三郎は1913（大正2）年春、京阪電気鉄道の太田光熙常務（後に社長）から沿線名所図絵を依頼されて実地踏査し、当時流行していたアール・ヌーヴォーのデザインを意識して制作した。左に京都・三条、右に大阪・天満橋を配すなど、東西を意識せず淀川に沿って描かれた斬新な構図だ。名所をわかりやすく示していることから人気となり、改訂を重ねた。本図は1913（大正2）年発行の初版ではなく、改訂版となる。

第1章　大正3年から大正15年までの作品

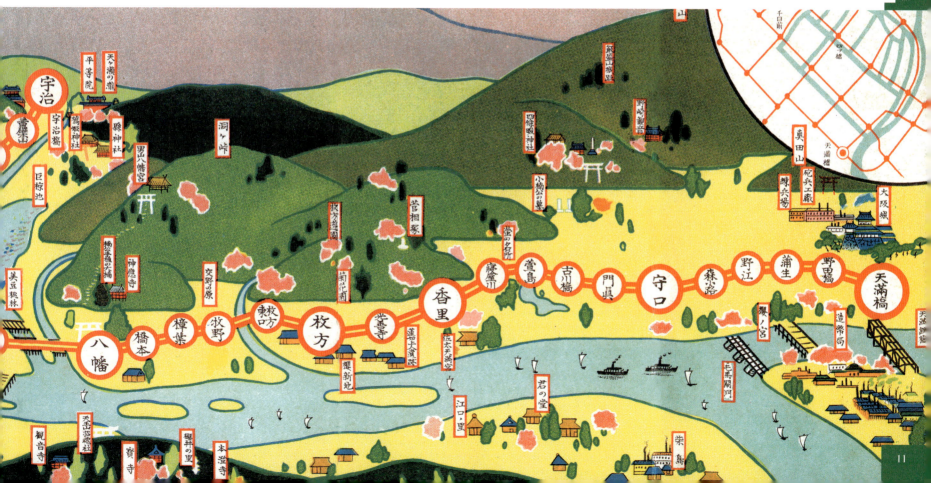

近江鉄道沿線及院線と諸国の関係

▶出版物の表題：近江鉄道湖東御案内「近江鉄道沿線及院線と諸国の関係」
▶発行：近江鉄道　▶発行年月日：1915（大正4）年
▶路線：近江鉄道　▶地域：滋賀県
▶開業年月日：1898（明治31）年6月11日　▶現在の路線：近江鉄道

所蔵：石黒三郎

表紙　全体

湖東の名所旧跡を春の気分で描いた初期の傑作

　近江鉄道は滋賀県東部の湖東地域（琵琶湖の東側）を走る私鉄として、1898（明治31）年6月に彦根～愛知川駅間の12.1キロで開業した。その後は路線を延伸し、1931（昭和6）年3月、彦根～米原間が開通して本線が全通した。その間、1926（大正15）年10月に宇治川電気（現関西電力）の傘下に入り、1943（昭和18）年5月には箱根土地株式会社（現株式会社プリンスホテル）傘下に入って、それ以降は現在まで西武グループの一員となっている。親会社が二度変わったが、創立以来社名を一度も変更せずに営業を続けている。

　初三郎は近江鉄道の依頼を受けて、支線の高宮～多賀（現多賀大社前）駅間が開業した1914（大正3）年3月、当時の沿線風景を細かく描き込んだ沿線案内を制作した。枠外には、東海道線（現JR東海道線）との接続や、最寄駅から名所旧跡、温泉や旅館までの距離などが記され、寺社仏閣への参拝だけでなく鉄道による遊覧旅行の魅力を伝える工夫が見える。また、喜楽山には「近江随一の松茸」とある。解説文に「画面は総て春の気分を表すと言えど～」と記しているように、桜の季節を表現するなど、初三郎独特の鳥瞰図表現が芽生え始めた初期の傑作ともいえる作品である。

江ノ島電車御案内

▶出版物の表題：江ノ島電車御案内「江ノ島電車御案内」
▶発行：江之島電気鉄道　▶発行年月日：1917（大正6）年
▶路線：江之島電気鉄道　▶地域：神奈川県
▶開業年月日：1902（明治35）年9月1日　▶現在の路線：江ノ島電鉄

所蔵：石黒三郎

全体

外国人を意識しつつ湘南・江の島と鎌倉とを結ぶ江ノ電の魅力を伝える

湘南・江の島から鎌倉までを結ぶ江ノ島電鉄は、1902（明治35）年9月、前身の江之島電気鉄道が藤沢〜片瀬（現江ノ島）駅間で開業。以後延伸され、1910（明治43）年11月に小町（後の鎌倉）駅まで全通した。同社はその後、東京電燈に買収されて東京電燈江之島線となった。1926（大正15）年7月、現在の法人である江ノ島電気鉄道が設立され、2年後には東京電燈から路線を承継して営業を開始。戦時統合により東京横浜電鉄（現在の東急電鉄）の傘下に入るが、戦後に離脱して商号を江ノ島鎌倉観光とした。その後、小田急グループに加入し、1983（昭和58）年9月に再度商号変更を行い、江ノ島電鉄株式会社となった。

初三郎は鉄道院（鉄道省、国鉄などを経て、現在のJR）の依頼により、1915（大正4）年に「鎌倉江ノ島三浦半島巡り」を制作した。その後に制作した本図は、英字での地名表示や大仏のある高徳院の英語での解説など、当時増えていた外国人観光客を意識したつくりとなっている。本図を制作した1917（大正6）年には、他にも「江ノ島と鎌倉名所」「鎌倉江ノ島名所図会」などを制作・発表し、いずれも人気を博して何度も重版した。英語版の「鎌倉及近傍案内」も制作している。

日光電車沿線名所図絵

- ▶出版物の表題：日光電車案内「日光電車沿線名所図絵」
- ▶発行：日光電気軌道　▶発行年月日：1918（大正7）年
- ▶路線：日光電気軌道　▶地域：栃木県
- ▶開業年月日：1910（明治43）年8月　▶廃止：1968（昭和43）年2月

日光東照宮への輸送を担った山岳軌道

　日光電気軌道は、日光東照宮など、観光地への旅客輸送や古河精銅所の貨物輸送を目的に、日光町が古河合名（現古河電気工業）と合弁で設立。1910（明治43）年8月、日光停車場前〜岩ノ鼻停留場間で開業した。山道を行く軌道（路面電車）沿線の標高は停車場前停留場が533メートル、馬返停留場が838メートルで、国内屈指の山岳軌道だった。1932（昭和7）年、日光自動車と合併して日光自動車電車となり、翌年11月には日光登山鉄道やケーブルカー、ロープウェイと連携して存在感を高めた。1947（昭和22）年に東武鉄道に吸収されて東武日光軌道線となったが、自動車輸送への切り替えで1968（昭和43）年2月に全線廃止となった。

　初三郎は1916（大正5）年、貴族院議員の徳川家達のアドバイスに従い「日光名所図絵」を制作。雄大な男体山や女峰山を背景に、日光駅前から東照宮前を経て、いろは坂手前まで運行していた軌道沿線の名所と、山上の中禅寺湖一帯へのアクセスを魅力的に表現している。華厳の滝をはじめとする自然の景勝美の描写が細かい。なお、初三郎は「古河鉱業日光電気精銅所事業要覧」「日光自動車案内」「日光金谷ホテル案内」など、日光の作品を多数制作している。

第1章 大正3年から大正15年までの作品

越後鉄道沿線名所図絵

- ▶出版物の表題：越後鉄道沿線名所図絵「越後鉄道沿線名所図絵」
- ▶発行：越後鉄道　▶発行年月日：1921（大正10）年
- ▶路線：越後鉄道　▶地域：新潟県
- ▶開業年月日：1912（大正元）年8月25日　▶現在の路線：JR越後線

所蔵：石黒三郎

表紙　　全体

弥彦神社を擁して越後平野に聳える弥彦山を中心に据えた越後線沿線の景勝美

　明治時代半ば、国有鉄道の信越本線が柏崎から内陸の長岡、三条を経由して延伸することが決まったので、日本海沿岸を経由して新潟に至る鉄道が計画された。これがJR越後線の前身、越後鉄道である。1912（大正元）年8月、白山〜吉田駅間の31.2キロが開業し、翌年4月には柏崎まで全通。しかし、資金不足のため信濃川に架橋できず、新潟側のターミナルは信越本線新潟駅とは信濃川を隔てた対岸の白山に置かれた。

　1927（昭和2）年10月、柏崎〜白山駅間の81.0キロが国有化されて越後線となった。1951（昭和26）年12月、信越本線新潟〜関屋駅間は越後線に統合されて白山駅（初代）が廃止され、開業から40年余りを経て、信濃川を挟み、越後線柏崎〜新潟駅間が鉄道で結ばれた。

　初三郎は越後鉄道の依頼で本図を制作した。構図の中央に弥彦神社と弥彦山が配され、中央奥には佐渡島、手前に西吉田から弥彦への支線を配した。画面左の住雲園は、越後鉄道の創始者である久須美父子の邸宅もあった庭園で、ひときわ大きく描かれている。画面左奥に柏崎駅、右奥に白山駅を描き、信濃川の対岸には新潟駅への未成線も破線で描かれている。

　初三郎式鳥瞰図の基本構図は、この時期に完成した。

第1章 大正3年から大正15年までの作品

秩父鉄道名所図絵

- ▶出版物の表題：秩父鉄道沿線名所図絵「秩父鉄道沿線名所図絵」
- ▶発行：秩父鉄道　▶発行年月日：1922（大正11）年
- ▶路線：秩父鉄道秩父本線　▶地域：埼玉県
- ▶開業年月日：1901（明治34）年10月7日　▶現在の路線：秩父鉄道

表紙　　全体

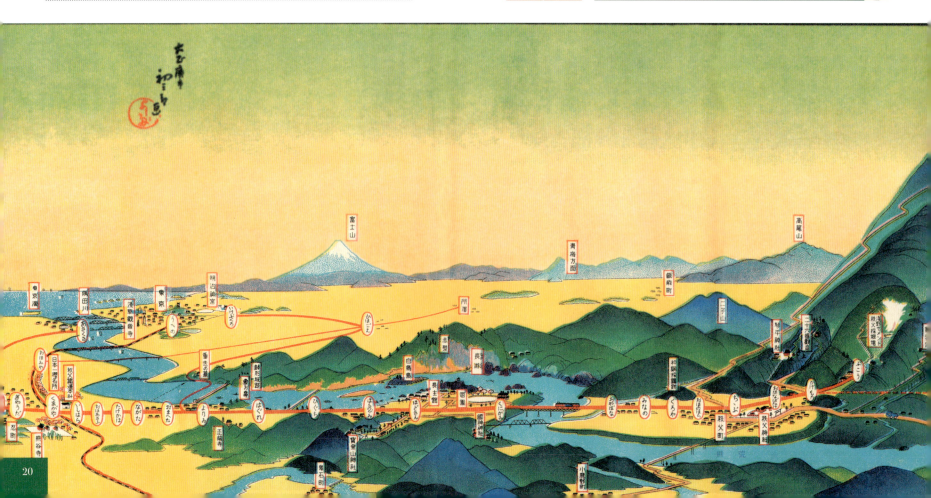

長瀞や三峰山への旅愁を誘う秩父への鉄路

　埼玉県北部を東西に横断し、熊谷駅と秩父地方と結ぶ秩父鉄道（秩父本線）は、前身にあたる上武鉄道が1901（明治34）年10月、熊谷～寄居駅間の18.9キロで開業した。1914（大正3）年10月には、宝登山（現長瀞）～秩父駅間が開通し、その2年後に秩父鉄道株式会社と改称した。1930（昭和5）年3月、三峰口駅まで延伸し、埼玉県の代表的観光地である長瀞渓谷や宝登山を中心とする長瀞エリアの観光開発を進めた。直営の「長瀞ラインくだり」は大正時代からの長い歴史と人気を誇る。1939（昭和14）年5月、大輪駅と三峰山頂駅を結ぶ三峰索道（三峰ロープウェイ）が開業したが、三峰観光道路の開通や施設の老朽化などに伴い、2007（平成19）年12月に廃止された。

　1922（大正11）年、大正天皇の第2皇子に"秩父宮"の宮号が贈られたことを記念して、秩父鉄道が初三郎に名所図絵の制作を依頼。初三郎は真夏に実地踏査をして、東京に構えたばかりの鮫洲画室で絵図を完成させた。三峰山や武甲山などの存在感が大きく、標高も記されている。この鳥瞰図の表紙絵や裏面案内をつくり替え、初三郎が経営する大正名所図絵社から「秩父絶勝三峯山名所図絵」も刊行された。

第1章　大正3年から大正15年までの作品

湯平温泉名所図絵

- ▶出版物の表題：鉄道開通記念湯平温泉名所図絵「湯平温泉名所図絵」
- ▶発行：湯平村　▶発行年月日：1923（大正12）年9月
- ▶路線：大湯線　▶地域：大分県
- ▶開業年月日：1923（大正12）年9月（湯平駅延伸日）　▶現在の路線：JR久大本線

表紙

全体

歴史ある名湯の最寄り駅が開業した記念に村から依頼されて制作

　湯平駅のあるJR久大本線の前身、大湯鉄道は1915（大正4）年10月大分市〜小野屋駅間で開業した。同社は1922（大正11）年に国有化されて大湯線となり、1923（大正12）年9月には湯平駅まで延伸開業する。湯平駅は約3.5キロ離れた湯平温泉の最寄駅である。湯平温泉は湯治場として鎌倉時代の文献に登場し、江戸時代には石畳の温泉街が形成された。

　大湯線は1925（大正14）年7月に北由布（現由布院）駅まで延伸。その後も順次延伸した。久留米駅を起点とする1928（昭和3）年開業の久大線が、1934（昭和9）年11月に天ヶ瀬駅まで延伸したことで久留米〜大分駅間が全通し、大湯線は久大線に編入されている。1937（昭和12）年6月に久大線は久大本線となった。

　初三郎は「豊後新別府温泉御案内」を制作するため亀の井ホテルに投宿していたところ、ホテルの主人である油屋熊八が湯平村に推薦して本図の制作が決まった。初三郎は開通記念式典にも招待されており、湯平駅開業記念絵葉書にはホームで列車を待つ旅装束で写り込んでいる。温泉街の中央を流れるのが花の川で、その両岸に立ち並ぶ温泉旅館と名湯の特徴をわかりやすく描いている。

青梅鉄道沿線名所図絵

- ▶出版物の表題：青梅鉄道沿線名所図絵「青梅鉄道沿線名所図絵」
- ▶発行：青梅鉄道　▶発行年月日：1923（大正12）年
- ▶路線：青梅鉄道　▶地域：東京都
- ▶開業年月日：1894（明治27）年11月　▶現在の路線：JR青梅線

表紙　　全体

奥多摩の桃源郷へと踏み入れる元祖東京アドベンチャーライン

　JR青梅線の前身である青梅鉄道は、1894（明治27）年に立川〜青梅駅間の18.51キロで開業した。路線延長や改軌、電化を経て1929（昭和4）年に青梅電気鉄道に社名変更している。戦時下の1944（昭和19）年4月、青梅電気鉄道および奥多摩電気鉄道（未成）が国有化され、国有鉄道の青梅線となった。同年7月には御嶽〜氷川（現奥多摩）駅間が延伸開業し全通。1987（昭和62）年、国鉄の分割民営化によりJR東日本青梅線となり、青梅〜奥多摩駅間に「東京アドベンチャーライン」という愛称が付けられた。

　本図は、1923（大正12）年春、立川〜二俣尾駅間の電化を記念し、青梅鉄道の依頼で制作された。沿線の観光誘致を目的としており、御嶽神社や吉野村梅林、楽々園など、奥多摩の名所が印象的に描かれている。

当時の青梅鉄道の収益は奥多摩地域の石灰石輸送に支えられており、終点の二俣尾駅の先には浅野セメント採掘場がある。さらに、青梅の手前にある羽村には玉川上水の取水口である羽村取水口（東京市水道取入口）も描かれている。本図の制作前に青梅沿線の名所を訪れた初三郎は、「染糸に花栄へて梅の日和かな」と詠むほど、この路線を気に入ったという。

塩原電車沿線図絵

- ▶出版物の表題：塩原電車沿線名所図絵「塩原電車沿線図絵」
- ▶発行：塩原電気軌道　▶発行年月日：1925（大正14）年4月
- ▶路線：塩原電車　▶地域：栃木県
- ▶開業年月日：1911（明治44）年7月11日　▶廃止：1936（昭和11）年1月

表紙

全体

塩原温泉郷への軽便鉄道沿線と渓谷美

　塩原電車は、栃木県北部の那須塩原市でかつて国有鉄道の宇都宮線（現JR宇都宮線）の西那須野駅から塩原温泉郷への温泉客輸送を目的に、塩原口駅までの14.6キロを結んでいた軽便鉄道である。1911（明治44）年、塩原軌道が西那須野～関谷駅間で開業し、塩原電車に社名変更後の1922（大正11）年7月、塩原口駅まで開通した。しかし、昭和になると金融恐慌の影響もあり観光客が激減。乗合自動車との競合にも敗れ、1931（昭和6）年12月に軌道修理を名目に運転を休止。翌年、会社は閉業し、1936（昭和11）年に全線廃止となった。

　初三郎は1915（大正4）年、鉄道院から依頼された「日光塩原那須案内」で初めて実地踏査を行い、本図では塩原電気軌道の依頼で塩原口駅までの路線と、箒川沿いに連なる山々と渓谷美、その先の11の温泉からなる塩原温泉郷を情緒たっぷりに描いた。塩原口駅から塩原駅までの予定線は赤い破線で記されたが、未成のまま路線が廃止となった。

　栃木県内で最大の観光地である日光は西那須野駅から東北本線に乗りかえて向かえることから、画面を上下ふたつに分割し、宇都宮から日光東照宮、中禅寺湖までの路線を描くなど、構成への苦心がうかがえる。

湊鉄道沿線名所図絵

- ▶出版物の表題：湊鉄道沿線名所図絵「湊鉄道沿線名所図絵」
- ▶発行：湊鉄道　▶発行年月日：1925（大正14）年5月
- ▶路線：湊鉄道　▶地域：茨城県
- ▶開業年月日：1913（大正2）年12月　▶現在の路線：ひたちなか海浜鉄道湊線

表紙

全体

初三郎が東日本第一の絶勝と称えた磯崎公園

　湊鉄道は、茨城県ひたちなか市の勝田駅から旧那珂湊市街を経由して阿字ヶ浦駅とを結ぶ、ひたちなか海浜鉄道湊線の前身である。1913（大正2）年に勝田〜那珂湊駅間で開業した。以降は延伸を繰り返し、1928（昭和3）年7月に磯崎〜阿字ヶ浦駅間が全通した。1944（昭和19）年8月、戦時下における県内交通統合により水浜電車や茨城鉄道などと合併して茨城交通が発足し、湊鉄道は同社の湊線となった。2008（平成20）年には、ひたちなか海浜鉄道が茨城交通からの会社分割（新設分割）によって第三セクターとして発足し、路線が同社へと移管された。

　初三郎は、那珂湊駅から磯崎駅まで延伸した沿線を1924（大正13）年秋に初めて実地踏査した。那珂湊駅最寄りの大洗神社を画面左に配し、磯崎駅最寄りの磯前神社や磯崎岬など、磯崎公園全体の景観や展望を「東日本第一ノ絶勝」と誉めている。さらに、常盤舞子海水浴場そばに開発された別荘地前の松原を「天女ヶ浜」と命名し、「三保の松原も到底及ばず」と称えた。太平洋に面したレジャー路線として成長が期待された沿線の魅力を作品全体で力説している。なお、勝田駅と郡山駅を結ぶ赤い破線は鉄道院時代の計画線。

第1章 大正3年から大正15年までの作品

筑波山名所図絵

- ▶**出版物の表題**：筑波山と筑波鉄道「筑波山名所図絵」
- ▶**発行**：筑波鉄道　▶**発行年月日**：1925（大正14）年9月
- ▶**路線**：筑波鉄道　▶**地域**：茨城県
- ▶**開業年月日**：1918（大正7）年4月17日　▶**廃止**：1987（昭和62）年4月

表紙 　全体

風光明媚な筑波山麓を駆け抜けた筑波鉄道

　茨城県南西部の筑波山地西麓の外縁に沿って走る筑波鉄道は、1918(大正7)年4月に土浦〜筑波駅間で開業し、同年9月に水戸線(現JR水戸線)との接続駅である岩瀬駅までの営業を開始した。1945(昭和20)年3月、戦時下における常総鉄道との合併で常総筑波鉄道筑波線となる。1965(昭和40)年には鹿島参宮鉄道と合併して関東鉄道筑波線となった。1979(昭和54)年4月に筑波鉄道(二代目)が筑波線を承継したが、旅客減少で経営が困難となり、国鉄の分割民営化と同日の1987(昭和62)年4月1日に全線廃止となった。

　初三郎は1925(大正14)年、筑波鉄道の依頼で弟子とともに実地踏査を行い、本図を制作。筑波山と筑波神社を画面中央に配し、謡曲で名高い桜川に沿って北に走る沿線各駅最寄りの名所旧跡を描き込んだ。標高877メートルの筑波山(男体山・女体山)は、茨城県のシンボルとして、高さや大きさがとくに強調されており、山頂へと至るケーブルカーや山頂の測候所なども見られる。また、起点の土浦駅最寄りにあって、当時東洋第一と呼ばれた海軍霞ヶ浦飛行場を飛び立つ飛行機も描かれている。見えるはずのない富士山が手前に配置されるなど、初三郎らしい独特な構図といえる。

東武鉄道沿線名所図絵

- ▶出版物の表題：東武鉄道線路案内「東武鉄道沿線名所図絵」
- ▶発行：東武鉄道・大正名所図絵社　▶発行年月日：1925（大正14）年10月
- ▶路線：東武鉄道　▶地域：関東地方1都4県（東京都・埼玉県・千葉県・栃木県・群馬県）
- ▶開業年月日：1899（明治32）年8月27日　▶現在の路線：東武鉄道

所蔵：石黒三郎

関東のほぼ全域に広がる私鉄最古参の広大な路線網と名所を見事に網羅

現存する大手私鉄のなかで、最も古い歴史を持つ東武鉄道。その名称は、「武蔵国の東部」に由来する。創業路線の伊勢崎線を主軸とする本線と主要路線の東上線の総営業キロ数は、463.3キロにも及ぶ。北千住〜久喜駅間の40.7キロで開業し、1912（明治45）年3月に現在の佐野線を運営していた佐野鉄道を合併したのを皮切りに、明治時代末から昭和初期にかけて周辺の私鉄を合併しながら路線網を広げた。また、戦時下の企業統合により、1944（昭和19）年3月には、総武鉄道（現野田線）を吸収合併した。

初三郎が本図を描いたのは、小川町〜寄居駅間の10.8キロが開通したことにより東上線が全通した頃である。すでに開通していた線は太い赤線、計画線は赤い破線で描き分けている。左側に東京湾と街並みを描き、右側に日光への計画線や東照宮、男体山、中禅寺湖、上部に浅間山や赤城山などを配置することで、奥行きのある関東平野と山並みを巧みに描き出した。浅草や池袋を起点に埼玉から栃木、群馬へと延びる路線と、沿線の庭園や遊覧地、寺社仏閣など、主要な観光名所を綿密に取材して、1都4県に跨る広大な路線網の全容を紹介している。

大軌電車沿線名所図絵

- ▶**出版物の表題**：大軌電車沿線案内 附吉野電車「大軌電車沿線名所図絵」
- ▶**発行**：大軌電車運輸課・吉野電車営業課　▶**発行年月日**：1925（大正14）年12月25日
- ▶**路線**：大阪電気軌道　▶**地域**：大阪府・奈良県
- ▶**開業年月日**：1914（大正3）年4月　▶**現在の路線**：近畿日本鉄道

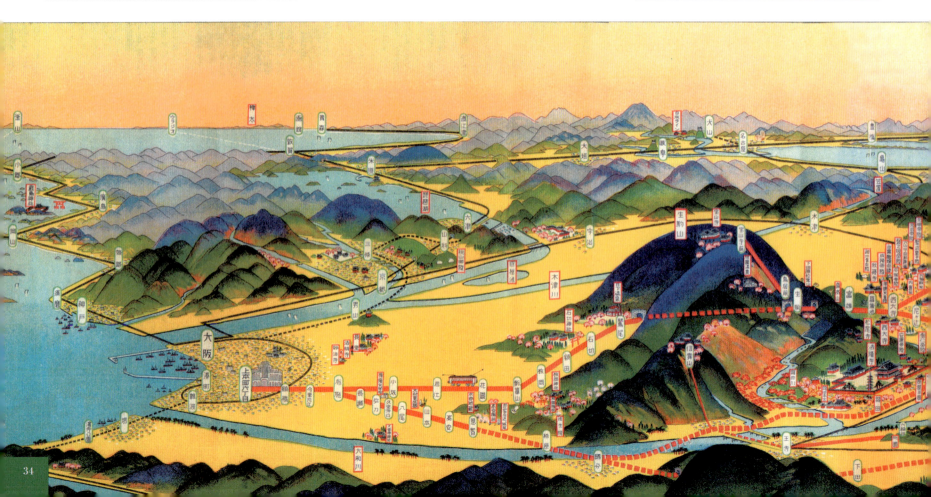

大阪、奈良に広がる近畿地方随一の鉄道沿線での桜の季節を表現

　大阪電気軌道（大軌）は、1910（明治43）年9月に、大阪と奈良を最短で結ぶ鉄道の敷設を目的として設立された奈良軌道（翌月に大軌と改称）を起源とする。1914（大正3）年4月、上本町〜奈良駅間で開業（現近鉄奈良線）し、天理軽便鉄道（現近鉄天理線）や吉野鉄道（現近鉄吉野線）を買収。以降、畝傍線（現近鉄橿原線）、桜井線（現近鉄大阪線の布施〜桜井駅間）、信貴線（現近鉄信貴線）など、路線網を広げていった。

　初三郎は、大軌が路線買収や開業を進めていた1925（大正14）年に本図の依頼を受けた。当時の路線網に加えて、買収前の吉野鉄道の沿線名所を細かく取材し、桜の季節を想定して景観を描き込んだ。画面左端に大阪湾と大阪市、右側に吉野山・大峯山を配し、起点の上本町六丁目（当時）から広がる路線を、計画線（破線）を含めて表現している。全長3338メートルの生駒トンネル（日本初の標準軌複線トンネル）は画面中央に描かれた。大軌は、1941（昭和16）年に桜井以東の伊勢方面の路線を開業した系列の参宮急行電鉄を合併して関西急行鉄道となり、次いで大阪鉄道（現近鉄南大阪線）や南海鉄道（現南海電気鉄道）を合併し、1944（昭和19）年に近畿日本鉄道となった。

第1章　大正3年から大正15年までの作品

萩を中心とせる付近名所図絵

- ▶出版物の表題：萩名所図絵・鉄道開通記念出版「萩を中心とせる付近名所図絵」
- ▶発行：観光社　▶発行年月日：1925（大正14）年
- ▶路線：国有鉄道美禰線　▶地域：山口県
- ▶開業年月日：1925（大正14）年4月3日（萩駅延伸日）　▶現在の路線：JR山陰本線

表紙　　全体

城下町・萩の歴史と名勝を描いた鉄道開通記念作

　萩駅は1925（大正14）年に国有鉄道の美禰線（現JR山陰本線）が正明市（現長門市）〜萩駅間へ延伸した際に開業した。同年11月に東萩駅まで延伸され、萩は終着駅から途中駅となった。鉄道は旧城下町のある萩三角州を迂回しており、現在も江戸時代の城下町に沿った市街が残る。1996（平成8）年に国登録有形文化財となった萩駅舎には、萩市出身で日本の「鉄道の父」と称される井上勝に関する資料が展示され、駅舎前に銅像が建っている。

　初三郎は萩町（当時）の依頼で1925（大正14）年の新春に現地を訪れ、鉄道開通、毛利元就公三百年祭、開府三百年の3つの祝典記念作品として本図を制作した。萩沖上空からの構図で、萩三角州や阿武川上流の長門峡など、周辺の景勝地、吉田松陰生誕地と松下村塾、維新の立役者たちの旧宅などの名所旧跡を丹念に取材し、4月の鉄道開通に合わせて桜咲く風景を描き込んだ。当時は未完成だった東萩駅まで線路も描いている。

　表紙絵には萩の桜景色に加えて名産の夏蜜柑も描かれ、初三郎作の「萩節」も掲載された。初三郎は同年に萩町発行のガイドブック「萩案内」や「長門峡全渓図」なども制作している。

新和歌ノ浦名所図絵

- ▶出版物の表題：新和歌浦名所交通鳥瞰図「新和歌ノ浦名所図絵」
- ▶発行：観光社　▶発行年月日：1926（大正15）年5月
- ▶路線：和歌山水力電気　▶地域：和歌山県
- ▶開業年月日：1909（明治42）年1月　▶廃止：1971（昭和46）年3月

南海の楽園・新和歌浦への旅情を誘う

　和歌山水力電気は、現在の和歌山市と海南市で営業した軌道（路面電車）で、県庁前（後に市役所前）〜和歌浦町停留場間で開業した。以降は延伸を繰り返し、1912（明治45）年4月、和歌山市駅〜黒江停留場間の全線が開通した。1913（大正2）年10月には和歌浦口停留場から新和歌浦停留場に至る支線が開通し、1918（大正7）年6月には黒江停留場から日方口（後の東浜）停留場まで延伸した。その後、1922（大正11）年には京阪電気鉄道に合併され、また一時期は東邦電力の経営となるなど、運営事業者が転々とする。1961（昭和36）年に南海電気鉄道和歌山軌道線となった後、1971（昭和46）年に全線廃止となった。

　初三郎は1925（大正14）年春、事業者が京阪電気軌道になってから招聘されて実地踏査し、翌年に本図が刊行された。大阪商船の寄港地としても繁栄した新和歌浦の楽園が細部まで描き込まれている。現在のJR紀勢本線の海南駅に隣接する日方駅（廃止）への連絡路線をはじめ、紀三井寺などの名所も印象的に表現されている。なお、1927（昭和2）年1月の再版では、初代鉄道院総裁などを歴任した後藤新平が、和歌浦の眺望に対して「風光明麗」という題字を揮毫した。

第1章　大正3年から大正15年までの作品

山陽第一荒瀧山名所図絵

- ▶出版物の表題：荒瀧山図絵船木鉄道開通記念出版「山陽第一荒瀧山名所図絵」
- ▶発行：船木鉄道・観光社　▶発行年月日：1926（大正15）年秋
- ▶路線：船木鉄道　▶地域：山口県
- ▶開業年月日：1916（大正5）年9月16日　▶廃止：1961（昭和36）年10月

表紙　全体

山陽第一の霊峰・荒瀧山や宿場町を結んだ、山口県南西部のかつての手軽な交通手段

船木鉄道は、1916（大正5）年に軌間762ミリの軽便鉄道として山陽線（現JR山陽線）の宇部駅を起点に船木町駅までの4.9キロで開業した。1923（大正12）年10月に万倉駅までの延伸と軌間1067ミリへの全線改軌が行われ、1926（大正15）年11月に吉部駅まで全通した。なお、宇部駅は1943（昭和18）年に西宇部駅と改称され、1964（昭和39）年に再び宇部駅に戻っている。

初三郎は、1926（大正15）年春、吉部村村長の懇願により霊峰・荒瀧山などを実地踏査して本図を制作。荒瀧山を中央に配し、雄嶽の山頂には皇太子（後の昭和天皇）の御成婚を記念して建立された神武天皇御銅像も描かれている。前年10月に完成除幕式を終えたこの銅像は、後に明治天皇像に改められた。なお、印刷折本の表紙の題字は、山口県萩市出身で、後に総理大臣にもなった陸軍大将・田中義一の揮毫である。

船木鉄道は、戦時下の1944（昭和19）年3月、万倉〜吉部駅間の8.0キロが不要不急線に指定されて休止。レールは金属類回収令にもとづき供出撤去された。1961（昭和36）年10月には、残った西宇部〜万倉駅間の9.7キロも廃止され、全線廃止に至った。会社自体は存続し、現在も旧路線周辺で路線バスを運営している。

第1章 大正3年から大正15年までの作品

銚子遊覧交通名勝鳥瞰図絵

- ▶出版物の表題：大銚子遊覧鳥瞰図絵「銚子遊覧交通名勝鳥瞰図」
- ▶発行：銚子鉄道・交通教育会　▶発行年月日：1926（大正15）年
- ▶路線：銚子鉄道　▶地域：千葉県
- ▶開業年月日：1923（大正12）年7月　▶現在の路線：銚子電気鉄道

表紙

全体

銚子の街・港や、近代化を象徴する印象的な建造物が遊覧を誘う名作

　銚子鉄道（現銚子電気鉄道）は、1917（大正6）年に廃止された銚子遊覧鉄道の廃線を活かし、銚子～外川駅間で開業した。初三郎は開業前年に銚子鉄道に招聘され、建設中の沿線を初踏査した。本図は、開業に合わせて刊行された初版ではなく、改訂版となる。基本構成は初版と同じで、中央に起点となる銚子駅や漁港の町としてにぎわう銚子市街を細部まで描き込み、画面左には犬吠埼に至る沿線の名勝を配置した。銚子観音をはじめとする寺社仏閣や、女夫岩に開設された無線電信局、犬吠埼灯台も見られる。近代化を象徴する建造物はより大きく印象的に描かれており、銚子への遊覧を誘う名作である。

　銚子鉄道は、1948（昭和23）年8月、企業再建整備法により銚子電気鉄道が設立されて資産を譲渡し、解散した。1960（昭和35）年11月、千葉交通傘下となる。1990（平成2）年1月には、経営権が千葉交通から内野屋工務店に移った。1976（昭和51）年2月からは食品製造販売事業を開始し、当時流行していた「たい焼き」を販売した。1995（平成7）年7月には犬吠駅で「ぬれ煎餅」の売店を開業し、鉄道事業の赤字を賄う運営が話題となっている。

第1章　大正3年から大正15年までの作品

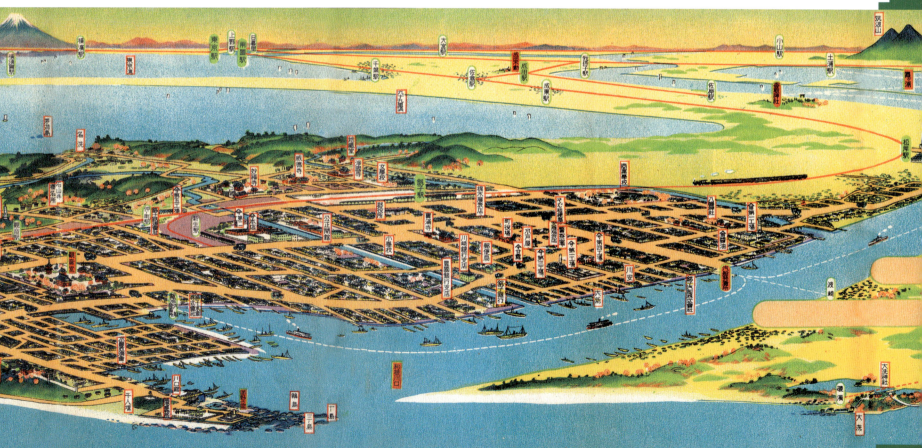

目黒蒲田東京横浜電鉄沿線案内鳥瞰図

▶出版物の表題：目黒蒲田電鉄東京横浜電鉄沿線名所案内「目黒蒲田東京横浜電鉄沿線案内鳥瞰図」
▶発行：目黒蒲田電鉄・東京横浜電鉄　▶発行年月日：1926（大正15）年
▶路線：東京急行電鉄　▶地域：東京都・神奈川県
▶開業年月日：1923（大正12）年3月11日　▶現在の路線：東急電鉄

表紙　全体

東京都心と田園都市を結ぶ東急グループの中核路線

目黒蒲田電鉄は、1922（大正11）年9月、田園都市株式会社により開発された住宅地と東京市部を結ぶ鉄道として発足。田園都市株式会社は、渋沢栄一らが設立した東急の源流だ。翌年3月に目黒〜丸子（現沼部）駅間で開通し、11月には目黒〜蒲田駅間が全通した。

東京横浜電鉄は、1924（大正13）年10月、専務取締役に五島慶太を招聘する。1926（大正15）年2月には、神奈川線（現在の東横線の一部）の丸子多摩川〜神奈川駅間が開通し、目蒲線との相互乗り入れを開始した。

初三郎は、画面中央に多摩川を配して、目黒〜神奈川駅間での直通運転が始まった当時の路線を名所や公園などとともに描き込んだ。東急グループの意向を反映したためか、沿線には分譲地として「田園都市」の文字が見える。なお、池上線は当時東急グループではなかったため、描かれていない。

1939（昭和14）年10月に両社は合併して東京横浜電鉄となる。戦時下の1942（昭和17）年5月、東京横浜電鉄は京浜電気鉄道と小田急電鉄、京王電気軌道を合併し「東京急行電鉄（大東急）」が誕生した。戦後の1948（昭和23）年6月、会社再編成により小田急電鉄と京王帝都電鉄（現京王電鉄）が分離し、現在に至る。

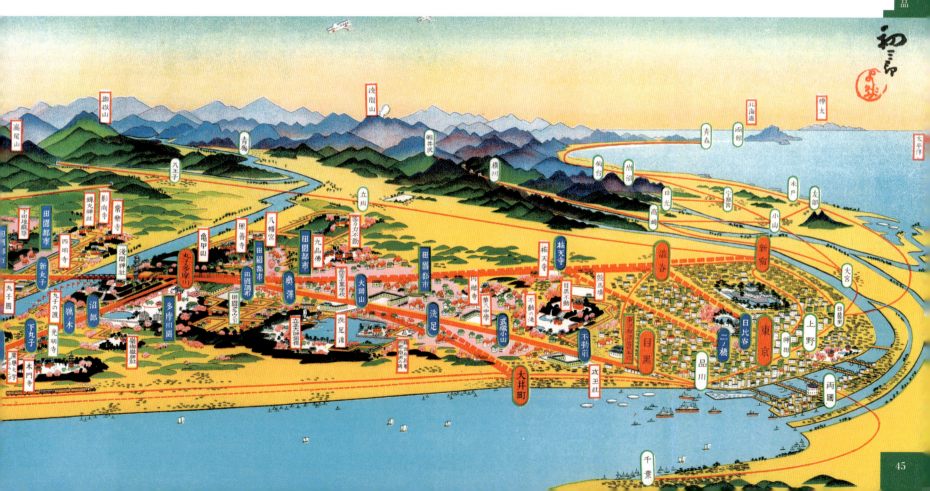

木暮旅館を中心とせる伊香保榛名の名所交通図絵

- ▶出版物の表題：伊香保御案内「木暮旅館を中心とせる伊香保榛名の名所交通図絵」
- ▶発行：観光社　▶発行年月日：1926（大正15）年
- ▶路線：伊香保電気軌道　▶地域：群馬県
- ▶開業年月日：1910（明治43）年10月16日　▶廃止：1956（昭和31）年12月

表紙　全体

山岳軌道の急な勾配と依頼主である旅館の全容を印象的に描写

伊香保電気軌道は、1910（明治43）年に新町（渋川新町）と伊香保を結ぶ都市間連絡線として開業した。しかし、1921（大正10）年7月に上越南線（現JR上越線）が新前橋〜渋川駅間で開通すると、その役割を奪われた。1927（昭和2）年10月に東武鉄道が買収し、伊香保軌道線（前橋線・高崎線・伊香保線）となった。

伊香保線は、標高173メートルの渋川駅前駅から標高697メートルの伊香保駅へと向かって急勾配が続く山岳軌道で、スイッチバックが採用されていた。

初三郎は、1922（大正13）年、鉄道省の依頼で伊香保温泉を実地踏査し、依頼主である木暮武太夫旅館との縁が生まれ、本図の制作につながった。左端には東京から渋川を経由して伊香保へ至る鉄道線が描かれ、伊香保温泉を中央として、周辺の観光地である榛名神社や榛名湖、県立榛名公園を上部に配している。最大の特徴は、全体の3分の1を使って描かれる木暮旅館の施設全容だ。施設内の道もわかりやすく、渋川駅から伊香保駅に至る平均勾配41.8パーミル（‰）の専用軌道区間は、高低差を感じさせない見せ方としている。

1956（昭和31）年12月、最後まで営業した伊香保線が廃止となり、軌道線は廃止された。

第1章 大正3年から大正15年までの作品

天下無二耶馬全溪の交通図絵

- ▶出版物の表題：奇勝耶馬全溪谷遊覧交通図「天下無二耶馬全溪の交通図絵」
- ▶発行：耶馬渓鉄道・観光社　▶発行年月日：1926（大正15）年
- ▶路線：耶馬渓鉄道　▶地域：大分県
- ▶開業年月日：1913（大正2）年12月26日　▶廃止：1975（昭和50）年10月

表紙

全体

奇岩の渓谷・耶馬渓を描いた沿線のガイドマップ

耶馬渓鉄道は、1913（大正2）年12月に中津〜樋田（後に洞門）駅間で開業した。翌年12月には柿坂（後に深耶馬、耶鉄柿坂）駅まで延伸し、1924（大正13）年6月に終点の守実（後に守実温泉）駅まで全通した。路線の大半は山国川沿いを走っている。同川の上・中流域には、日本屈指の景観美で知られる奇岩の渓谷・耶馬渓が広がっており、観光遊覧路線としての性格が強かった。昭和初期に人気のピークを迎えている。

戦時下の1945（昭和20）年4月、県内の私鉄統合により大分交通耶馬渓線となった。戦後は、1971（昭和46）年に野路〜守実温泉駅間が廃止され、1975（昭和50）年に中津〜野路駅間も廃止されたことで、全線廃止に至った。その後、廃線跡の多くはメイプル耶馬サイクリングロードとして整備された。

初三郎は、耶馬渓鉄道が開業した1913（大正2）年10月に初めて同地を訪問した。数週間にわたり沿線の羅漢寺指月庵（細川忠興ゆかりの庵）に滞在して、実地踏査を行っている。その後、守実駅まで全通したことや別府亀の井ホテルによる耶馬渓方面への遊覧バスの運行開始に合わせて、耶馬渓から豊後森までの景勝地を細かく記した本図が制作された。

吉田初三郎の知名度を高めた鉄道開通50周年記念出版
ガイドブック『鉄道旅行案内』

吉田初三郎が装幀を担当した1921（大正10）年版『鉄道旅行案内』の表紙。布張り仕上げに箱入りの上製本（ハードカバー）ながら、横19センチ×縦11センチ×厚さ3センチという携帯に便利なコンパクトサイズなのも人気の理由となった。

　1872（明治5）年10月、日本初の鉄道が開業した。その50周年を前に1921（大正10）年10月、鉄道省は『鉄道旅行案内』を刊行する。300ページ超でカラー図版が掲載された本作は、1年余りで40回以上も重版する大ベストセラーとなり、鉄道旅行ブームを巻き起こした。

　鉄道省の依頼で装幀や挿画を任された吉田初三郎は、それまで縦長で刊行されていた『鉄道旅行案内』を、ワイドな横長仕様に変更し、当時最新のオフセット印刷によるカラー図版を多数掲載するなど、独自のアイデアや工夫をちりばめた。制作に際しては、省線沿線の各名所を実地踏査しており、その経験や人脈は、後の鳥瞰図制作へとつながった。

　1924（大正13）年10月には改訂版が刊行されている。前回より現地取材や制作に一層の時間をかけたこともあり、初三郎の画力・デザイン力が存分に発揮された。再びベストセラーとなり、以降も改訂版が刊行された。この『鉄道旅行案内』シリーズに、初三郎式鳥瞰図の完成形を見ることができる。

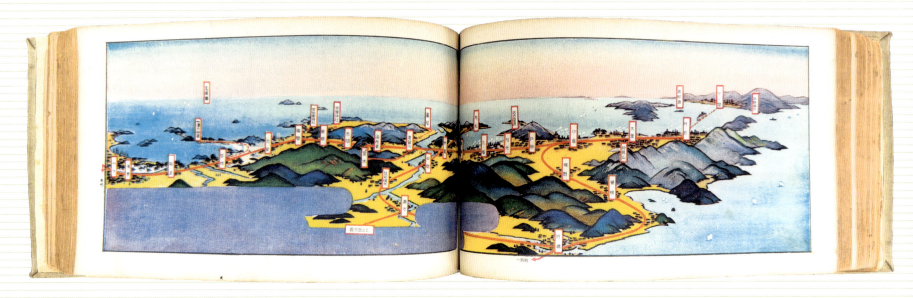

初三郎が初めて手掛けた『鉄道旅行案内』は、1872（明治5）年10月14日に新橋〜横浜駅間にて日本で最初の鉄道が開通したのを記念し、鉄道開業50年を前にした1921（大正10）年10月5日に刊行された。『鉄道旅行案内』自体は1905（明治38）年から刊行されていたが、初三郎による美麗な仕様と緻密な鉄道鳥瞰図はそれまでと一線を画していた。

東京・品川から、横浜・桜木町に至る国有鉄道の路線（現 JR 京浜東北線）。1921（大正10）年版と比較すると、1924（大正13）年版では、駅名を緑の丸、名所を赤の四角で囲み、わかりやすく見せる工夫が凝らされている。また、穴守稲荷や平間寺、總持寺などの細かな描き込みも増えている。

1921年版

増補改訂版として刊行された1924（大正13）年版の『鉄道旅行案内』。初三郎は弟子とともに全国を巡って写生を行い、挿絵130点のうち54点を新たに描いた。1921（大正10）年版では、署名が削除されるなど、鉄道省の意向に押し切られたが、本作においては巻頭に「挿入の図絵は吉田初三郎氏に委嘱して其労を煩したものである」と記された。

1924年版

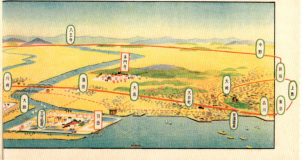

1924（大正13）年版にて新たに掲載された東京駅の挿絵。1914年（大正3）年12月20日に開業した東京駅は、1923（大正12）年に発生した関東大震災でもほぼ無傷だった。

51

鉄道省の依頼で風景や人物も描いた
ポスター作品

吉田初三郎は、観光案内や街の紹介といった鳥瞰図以外にも、ポスター作品を100点余り残している。そのなかには、当時の鉄道院・鉄道省をはじめ、私鉄各社の依頼による鉄道に関連した作品も多い。また、ポスターでは風景画だけでなく、人物や建物、古謡をモチーフに描いたものが中心である。ここでは、初三郎が手掛けたポスター作品の一部を紹介する。

国有鉄道の久大本線（現JR久大本線）の全線開通1周年を記念して、1935（昭和10）年に大分県の日田町（現日田市）で開催された「久大線全通記念大共進会」のポスター。日田の名物である三隈川の鮎が描かれている。

鉄道省国際観光局と外国人観光客の誘致を目的として設立されたジャパン・ツーリスト・ビューローとが共同で制作し、初三郎に依頼した1930（昭和5）年のポスター。アメリカやヨーロッパで配布された。どちらも振袖姿の女性と桜が描かれ、「Japan Beautiful Charming Land」には満月と五重塔らしき仏塔、「Beautiful Japan」には富士山がデザインされている。後者により富士山・桜・芸者という日本の観光イメージがつくられた。

第2章 昭和2年から昭和4年までの作品

初三郎の興隆期といえる時期。昭和に入ると初三郎の鳥瞰図は広く認知され、類似作品や無断複製品も現れるほどだった。観光ブームによって各地の鉄道会社や汽船、ホテル、遊覧地、新聞社などからの依頼が殺到し、実地踏査に東奔西走する。この時期の初三郎は愛知県犬山町（現犬山市）に蘇江画室を構え、「小田原急行鉄道沿線名所図会」や「日本ラインを中心とせる名古屋鉄道沿線名所図絵」といった傑作を量産している。

小田原急行鉄道沿線名所図絵

- ▶出版物の表題：小田原急行鉄道沿線名所案内「小田原急行鉄道沿線名所図絵」
- ▶発行：小田原急行鉄道　▶発行年月日：1927（昭和２）年春
- ▶路線：小田原急行鉄道　▶地域：東京都・神奈川県
- ▶開業年月日：1927（昭和２）年４月１日　▶現在の路線：小田急電鉄

表紙

全体

武蔵相模の名所旧跡を巧みに配した急行電車遊覧図

　東京都と神奈川県に跨る小田原急行鉄道は、1927（昭和2）年4月に小田原線の全線にあたる新宿～小田原駅間で開業し、半年後には全線複線化されて急行運転を開始した。1929（昭和4）年4月、江ノ島線が新宿～片瀬江ノ島駅間で全線開通する。1941（昭和16）年3月、電力の国家管理によって電気事業を手放した親会社の鬼怒川水力電気が合併して、小田急電鉄と改称した。戦時下で東京横浜電鉄に合併されるが、戦後の1948（昭和23）年6月、東京急行電鉄から分離して新生小田急電鉄として再発足した。

　吉田初三郎は、開業時の一連のポスターや沿線案内などの制作を担当した。本図では、富士山を中央に配し、広範囲な路線を一直線に描くことで急行電車の特性を表現している。開業前の江ノ島線も予定線として描かれた。沿線の名所旧跡や観光地を鮮やかに細かく描き込む初三郎の手法は、本図により完成を見たといえる。とくに、明治神宮、多摩御陵、高尾山、富士登山口、江ノ島、大雄山、箱根山といった沿線の重要な名所を黄色い短冊で表現し、小田急が経営した向ヶ丘遊園地や座間遊園地、住宅開発予定地も同じ表現で強調するなど、数多くの情報を整理して描き込む手腕は見事だ。

松山道後を中心とする名所交通図絵

- ▶出版物の表題：松山道後名所図絵「松山道後を中心とする名所交通図絵」
- ▶発行：伊予鉄道　▶発行年月日：1927（昭和2）年春
- ▶路線：伊予鉄道　▶地域：愛媛県
- ▶開業年月日：1888（明治21）年10月　▶現在の路線：伊予鉄道

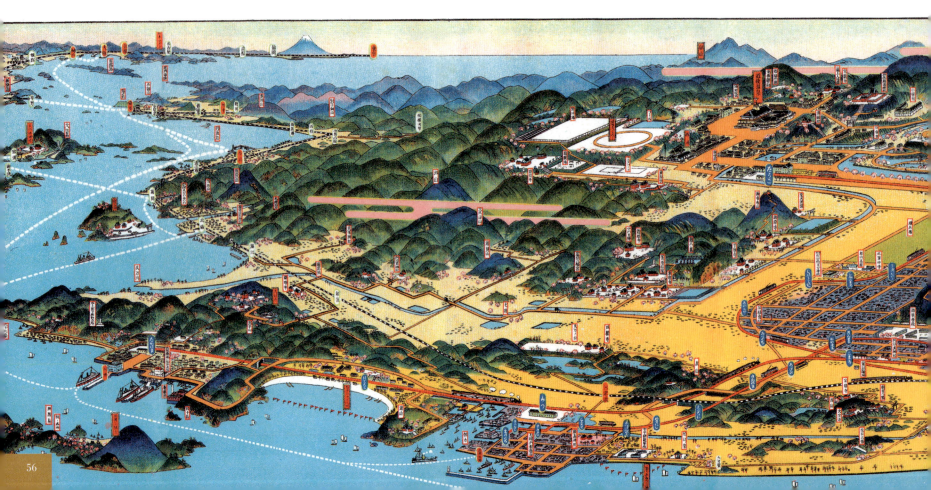

城下町を中心に道後温泉などの遊覧地を案内

　伊予鉄道は、城下町・松山の外港である三津と松山市街を結ぶ四国初の鉄道として、松山（現松山市）〜三津駅間で開業した。1892（明治25）年5月には高浜線が全通し、その後、平井河原線（現横河原線）などを開通させる一方、道後鉄道など、周辺の鉄道を合併する。1916（大正5）年12月には、伊予水力電気と合併して商号を伊予鉄道電気に変更。さらに、松山電気軌道を1921（大正10）年に合併して松山市内線とした。1942（昭和17）年4月、電力国家管理に伴い鉄軌道事業を担う伊豫鉄道が新たに設立された。1992（平成4）年6月には再び伊予鉄道に変更され、現在に至る。

　吉田初三郎が伊予鉄道の沿線案内を初めて描いたのは1914（大正3）年のこと。大阪商船（瀬戸内海航路）の寄港地のひとつとしての制作だった。1916（大正5）年には、伊予史談会の依頼で「道後松山御案内」を制作。1926（大正5）年に、松山市内線を合併した伊予鉄道電気の井上要社長らの招聘を受け、三たび実地踏査して完成したのが本図である。松山城を中心に据え、道後温泉は周辺施設も細かく描かれている。また、松山の玄関口となる三津浜港と瀬戸内航路の寄港地までを描き込み、松山道後への交通の利便性を伝えている。

第２章　昭和２年から昭和４年までの作品

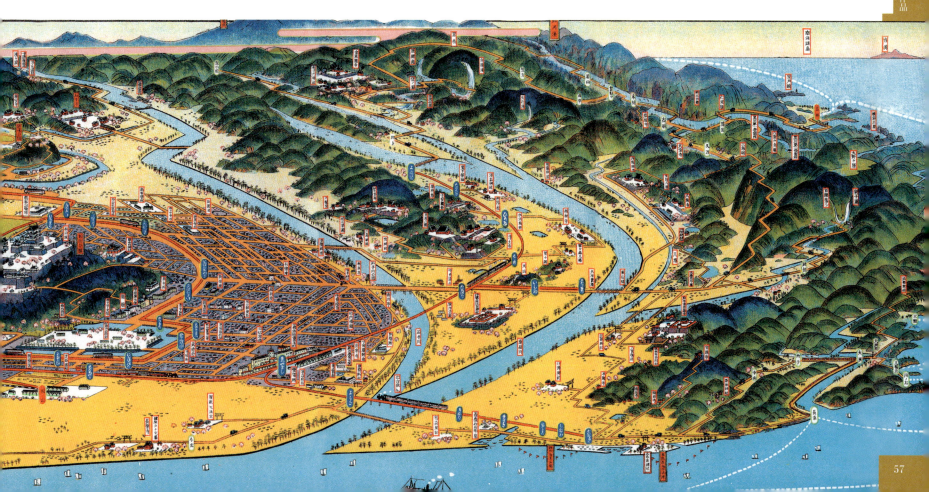

北九州鉄道沿線名所遊覧図絵

- ▶出版物の表題：北九州第一の絶勝唐津名所御案内「北九州鉄道沿線名所遊覧図絵」
- ▶発行：北九州鉄道・観光社　▶発行年月日：1927（昭和2）年春
- ▶路線：北九州鉄道　▶地域：福岡県・佐賀県
- ▶開業年月日：1923（大正12）年12月5日　▶現在の路線：JR筑肥線

表紙　全体

玄界灘沿いの史跡と伝説の名所を結ぶ鉄道

　北九州鉄道は、佐賀県北部の伊万里市や唐津市と福岡県福岡市を結ぶ民営の鉄道路線として計画され、1923（大正12）年に福吉〜浜崎駅間で開業した。その後は延伸を繰り返し、1926（大正15）年10月に博多〜東唐津駅間が開通している。

　これを受け、初三郎は北九州鉄道および唐津市の旅館組合や地場書店の依頼で沿線図絵を制作した。北九州鉄道本社に近い沿線随一の景勝地・虹の松原を中央に配し、玄界灘沿岸に点在する神功皇后や佐用姫伝説ゆかりの地に加え、元寇防塁などの史跡、豊臣秀吉の出兵地・名護屋城や鏡山（領巾振山）、七ツ釜・芥屋大門といった名勝まで描き込まれ、博多の奥には京阪神、富士山、東京も見える。旧唐津街道沿いに開通した鉄道で福岡から唐津へ誘う役目を本図は果たした。

　1935（昭和10）年には山本〜伊万里駅間が開業して、博多から伊万里までがつながった。1933（昭和8）年6月に、戦前の私鉄としては全国でも数少ない試みとして、軽油を燃料とするディーゼルカーが導入されている。1937（昭和12）年10月に国有化されて省電の筑肥線となり、1987（昭和62）年の国鉄分割民営化により九州旅客鉄道（JR九州）が承継した。

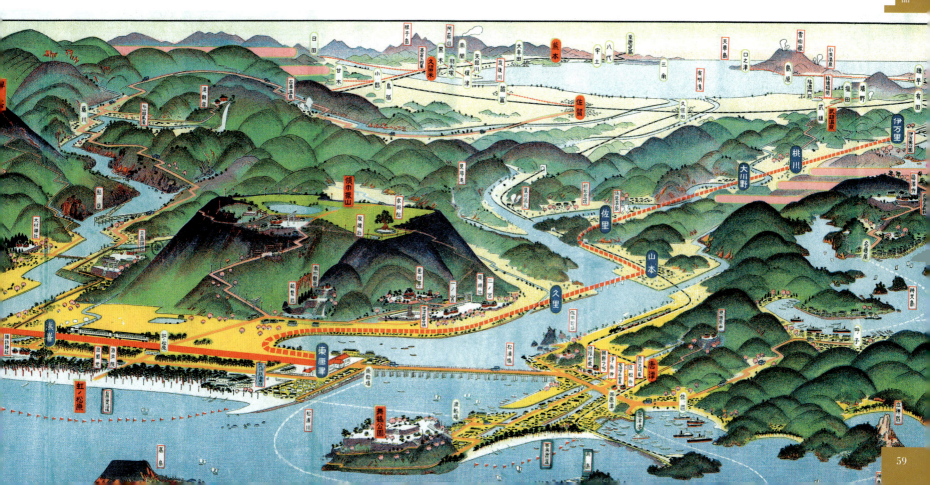

高野山電車沿線名所図絵

- ▶出版物の表題：高野山電車沿線名所図絵「高野山電車沿線名所図絵」
- ▶発行：高野山電気鉄道　▶発行年月日：1927（昭和2）年
- ▶路線：高野山電気鉄道　▶地域：大阪府・和歌山県
- ▶開業年月日：1928（昭和3）年6月18日
- ▶現在の路線：南海電鉄高野線・南海鋼索線（高野山ケーブル）

表紙　全体

大阪のターミナルから密教の聖地へと誘う沿線図

　高野山電気鉄道は、現在の南海高野線の高野下〜極楽橋駅間と、南海鋼索線（高野山ケーブル）の極楽橋〜高野山駅間の前身である。同社は1928（昭和3）年に鉄道線の高野下〜神谷（現紀伊神谷）駅間で開業し、翌年に極楽橋駅まで延伸した。1930（昭和5）年6月には、鋼索線の極楽橋〜高野山駅間も開通している。1947（昭和22）年3月、高野山電気鉄道は南海電気鉄道へと社名を変更した。同年6月には、戦前に存在し、戦時下で関西急行鉄道と合併して近畿日本鉄道となっていた旧南海鉄道の路線を近畿日本鉄道より分離・承継し、現在の南海電鉄高野線と南海鋼索線となった。

　初三郎は、1921（大正10）年に鉄道省から依頼された『鉄道旅行案内』制作の踏査のため、開業前の現地を初訪問している。1925（大正14）年3月、高野山電気鉄道が発足してすぐに沿線図の制作を依頼され、開業を前に完成させた。大阪・難波の南海ターミナル駅から直通電車が高野山電気鉄道の鉄道線に乗り入れていることを強調している。金剛峯寺や種智院など、山中の施設だけでなく、九度山町の真田幸村の旧跡の名称も見られる。桜の名所としても知られた霊峰・高野山への参詣客を誘う魅力的な作品である。

第2章 昭和2年から昭和4年までの作品

京王電車沿線名所図絵

- ▶出版物の表題：京王電車沿線名所図絵「京王電車沿線名所図絵」
- ▶発行：京王電気軌道　▶発行年月日：1928（昭和3）年1月1日
- ▶路線：京王電気軌道　▶地域：東京都・神奈川県
- ▶開業年月日：1913（大正2）年4月15日　▶現在の路線：京王電鉄

表紙

全体

大東京の新しい拠点都市・新宿と多摩地域を結ぶ郊外遊覧・参拝路線

　京王電鉄の前身である京王電気軌道は、1913（大正2）年に笹塚～調布駅間で開業し、1915（大正4）年に新宿追分～調布駅間が全通した。1926（大正15）年には玉南電気鉄道を合併して新宿～東八王子（現京王八王子）駅間で統一営業を開始し、1928（昭和3）年5月には直通運転を開始。1944（昭和19）年、戦時下の企業統合により京王電気軌道が東京急行電鉄と合併して同社京王営業局管轄となり終戦を迎え、相前後して京王新宿駅（かつての新宿追分駅）を国有鉄道の新宿駅東側から西側の現在地に移設した。1948（昭和23）年に京王帝都電鉄として再独立した。1998（平成10）年7月、設立50周年を節目として京王電鉄へと改称した。

　初三郎は、1927（昭和2）年6月にレジャー施設・京王閣が開業したことを受け、本図を制作した。「絵に添えて一筆」には、関東大震災で制作が中断したことが記されている。新宿を右端に、多摩御陵や高尾山を左側に配して、郊外遊覧路線である京王電車の沿線を鮮やかに対比させている。京王閣と多摩川原遊園地は「関東の宝塚」と表現し、沿線の明治神宮や深大寺と並んで東京市共葬墓地（現都立多磨霊園）を大きく描くなど、参拝路線としての特徴も伝えている。

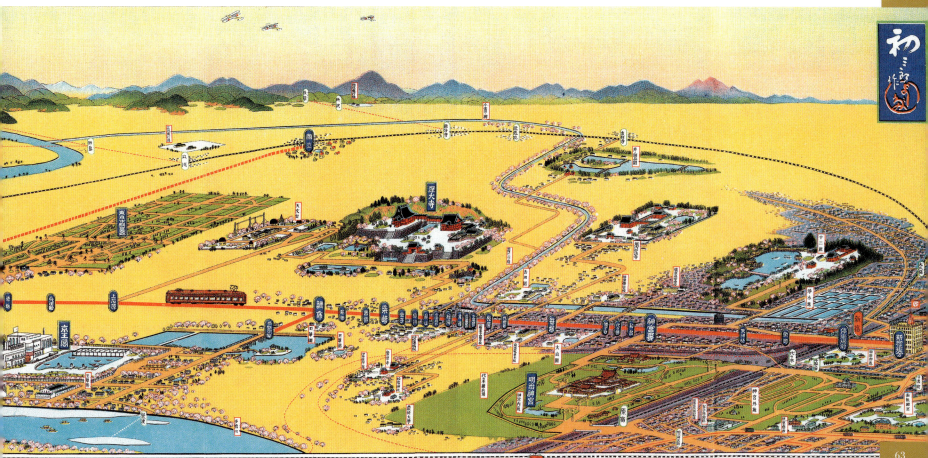

富士身延鉄道沿線名所鳥瞰図

- ▶出版物の表題：富士身延鉄道沿線名所図絵「富士身延鉄道沿線名所鳥瞰図」
- ▶発行：富士身延鉄道　▶発行年月日：1928（昭和3）年4月7日
- ▶路線：富士身延鉄道　▶地域：静岡県・山梨県
- ▶開業年月日：1913（大正2）年7月20日　▶現在の路線：JR身延線

表紙

全体

富士山の存在感が際立つ富士川流域のトンネルの多い山岳路線

　富士身延鉄道の歴史は、1890（明治23）年6月に開業した富士馬車鉄道（後に富士鉄道へ改称）に遡る。1912（明治45）年4月に富士身延鉄道が設立されると、富士鉄道から路線を引き継ぎ、1913（大正2）年に馬車鉄道を廃止して富士〜大宮町駅間で開業した。以降は延伸を繰り返し、1927（昭和2）年6月に富士〜身延駅間が電化（電車での運行）される。翌年3月、富士〜甲府駅間が全通。1941（昭和16）年5月に国有化されて国有鉄道の身延線となり、1987（昭和62）年の国鉄分割民営化で東海旅客鉄道（JR東海）が承継した。

　初三郎は、富士〜甲府駅間の全通に合わせて本図を制作した。富士山と身延山を左右に配し、全線にわたり富士川の左岸を通っている。駿河湾沿岸部から甲府盆地までを走るトンネルの多い山岳路線の魅力と特徴が表現されている。中央の身延駅のそばには、当時「日本一の大吊橋」と称された身延橋が大きく描かれ、霊峰・身延山や久遠寺へと誘う。分割された左下には、初三郎らしい大胆なデフォルメで東海道本線から関西・九州・朝鮮半島や台湾までが描かれている。本図を制作した時期から作品タイトルに添える文言が「名所図絵」から「鳥瞰図」へと変化していった。

養老電鉄沿線名所図絵

- ▶出版物の表題：養老電鉄沿線名所図絵「養老電鉄沿線名所図絵」
- ▶発行：養老電気鉄道　▶発行年月日：1928（昭和3）年4月15日
- ▶路線：養老電気鉄道　▶地域：岐阜県・三重県
- ▶開業年月日：1913（大正2）年7月31日　▶現在の路線：養老鉄道

表紙　全体

神々しい養老山脈を背後に揖斐川流域を走る

　養老電気鉄道（現養老鉄道養老線）は、1913（大正2）年に養老鉄道（初代）として養老～大垣～池野駅間で開業し、1919（大正8）年4月、桑名～養老駅間、池野～揖斐駅間が開通して全通した。揖斐川電気への合併を経て、1923（大正12）年には全線電化を達成する。1928（昭和3）年に養老電気鉄道が発足し、同年4月に揖斐川電気の鉄道事業を承継したが、1929（昭和4）年10月以降、伊勢電気鉄道→養老電鉄→参宮急行電鉄→関西急行鉄道→近畿日本鉄道と会社が変わり、各社の養老線となった。2007（平成19）年、現在の養老鉄道（二代目）が近鉄から養老線を引き継いだ。

　初三郎は、養老電気鉄道が発足し鉄道事業を引き継いだ時期に依頼を受けて実地踏査し、本図を制作している。岐阜県と三重県を直結する唯一の鉄道路線という特徴を、図中では直線で表現した。717（養老元）年、元正天皇の行幸を受けてその存在が知られるようになったという名瀑・養老の滝のある養老山脈と養老公園を画面左奥に据えて大きく描き、沿線の名所旧跡を細部にわたって表現した。神聖な山岳や場所を群青色で表現するのは初三郎作品の特徴のひとつで、神々しさと奥行きが生まれている。

水浜電車沿線名所案内

▶出版物の表題：水浜電車沿線名所案内「水浜電車沿線名所案内」
▶発行：水浜電車　▶発行年月日：1928（昭和3）年4月25日
▶路線：水浜電車　▶地域：茨城県
▶開業年月日：1922（大正11）年12月28日　▶廃止：1966（昭和41）年6月

表紙 　全体

水戸の市街地と大洗海岸を結び、行楽地を整備して乗客を誘致した路面電車

　水浜電車は、かつて茨城県の水戸市から常澄村（現在は水戸市に編入）、大洗町を経て、那珂湊町（現ひたちなか市）までを結んでいた路面電車である。1922（大正11）年に浜田〜磯浜停留場間で開業し、以降は路線延長を繰り返して、1930（昭和5）年に袴塚（本図中の兵営前）〜湊停留場間が全通した。乗客誘致策として、草競馬を開催する水浜グラウンド、水浜電車ガール（女性補助乗務員）の乗務などを実施していた。1944（昭和19）年、戦時下の県内交通統合で茨城鉄道や湊鉄道などと合併して茨城交通となり、その水浜線となった。利用客減少に伴い路線が段階的に縮小され、1966（昭和41）年6月に全線廃止となった。

　初三郎は1927（昭和2）年、2年後に茨城県で行われる陸軍特別大演習の鳥瞰図を制作するため現地を訪れており、それが本図制作のきっかけとなった。翌年早春、水浜電車の依頼を受けて大洗ホテルに滞在し、沿線を実地踏査した。正面に大洗海岸や大洗磯前神社が大きく描かれ、同社が整備した水浜グラウンドや遊園地も描き込まれている。那珂川河口の海門橋は、1930（昭和5）年に橋上に併用軌道を敷設して湊町（後に那珂湊町）へ乗り入れる以前の橋である。

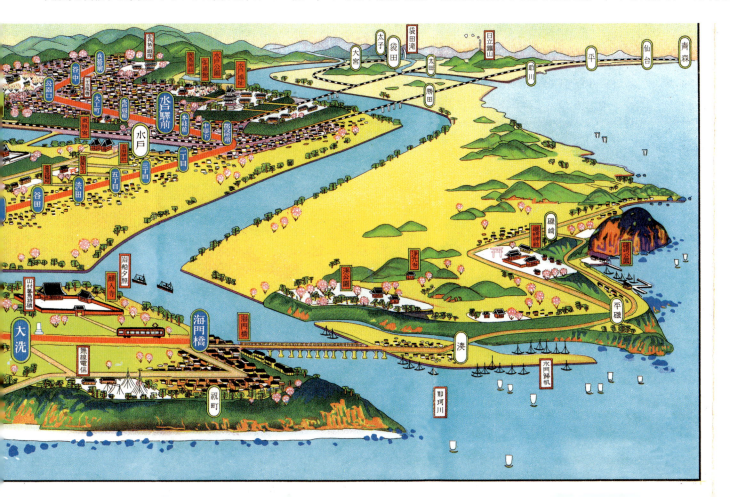

69

赤穂鉄道沿線名所遊覧交通鳥瞰図

- ▶出版物の表題：義士発生の遺跡 赤穂鉄道沿線図絵「赤穂鉄道沿線名所遊覧交通鳥瞰図」
- ▶発行：赤穂鉄道　▶発行年月日：1928（昭和3）年6月
- ▶路線：赤穂鉄道　▶地域：兵庫県
- ▶開業年月日：1921（大正10）年4月14日　▶廃止：1951（昭和26）年12月

表紙 　全体

播州赤穂の歴史と産業が描かれた軽便鉄道沿線図

　1888（明治21）年に開業した民営の山陽鉄道（現JR山陽本線）は、1906（明治39）年に国有化され、その3年後に山陽本線となった。その山陽本線と瀬戸内海に面する赤穂町を結ぶ軽便鉄道として、1921（大正10）年に有年〜播州赤穂駅間で開業したのが軌間762ミリの赤穂鉄道である。「赤穂の塩」で有名な製塩地の産業発展に寄与し、昭和初期には蒸気機関車に代わりガソリンカーを導入して輸送力向上を図った。

　初三郎は赤穂鉄道の招聘を受けて、1928（昭和3）年春、沿線を実地踏査し本図を制作した。播州赤穂駅を中心に据え、左に城下町・赤穂の街並みや花岳寺、大石神社といった「赤穂義士」ゆかりの名所旧跡を配置して、さらに赤穂御崎海岸や坂越岩戸などの景勝地を印象的に描き込んだ。産業路線としてだけでなく、遊覧路線としての魅力を伝えている。また、千種川河口の海岸沿いに広がる東浜塩田と新浜港、城下町の西岸に広がる西浜塩田や赤穂港が大きく描かれ、赤穂の名物である塩づくりの様子もひと目でわかる。

　赤穂鉄道は、戦後の道路網の整備によるバスなどの自動車輸送の増加や、国鉄赤穂線（現JR赤穂線）開業に伴い、1951（昭和26）年12月に全線廃止となった。

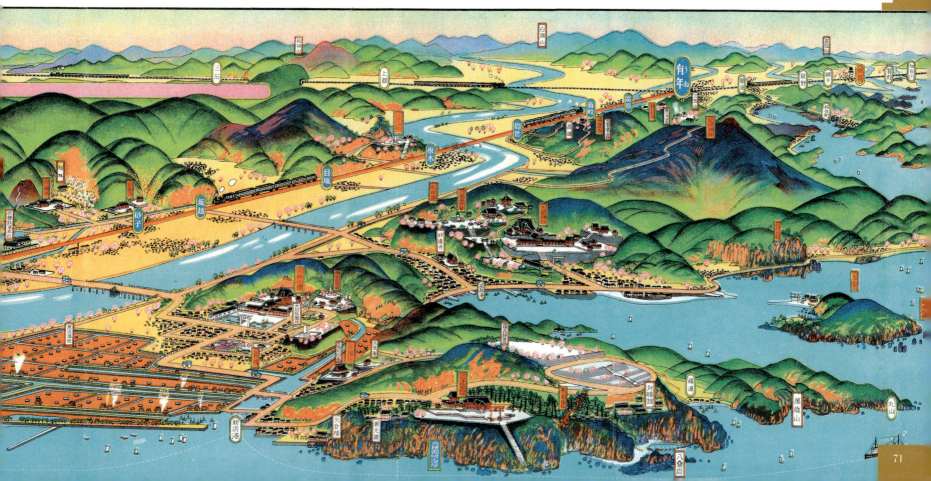

土佐電気沿線名所大図絵

- ▶出版物の表題：土佐電気沿線名所案内「土佐電気沿線名所大図絵」
- ▶発行：土佐電気鉄道　▶発行年月日：1928（昭和3）年7月20日
- ▶路線：土佐電気鉄道　▶地域：高知県
- ▶開業年月日：1904（明治37）年5月2日　▶現在の路線：とさでん交通

南国土佐の城下町を縦横に走る路面電車

　1904（明治37）年5月、土佐電気鉄道（初代）が本町線の堀詰〜乗出（現グランド通）停留場間と潮江線の梅ノ辻〜桟橋（現桟橋車庫前）停留場間で開業した。1922（大正11）年、同社は土佐水力電気を合併し、軌道以外の事業も行う土佐電気となる。1941（昭和16）年、戦時下における企業統合で高知鉄道が土佐電気の軌道部門を切り離して合併し、土佐交通へと商号変更する。

　戦後になると1948（昭和23）年に土佐電気の後進である南海鍛圧機が土佐交通を合併し、再び土佐電気鉄道（二代目）となった。2014（平成26）年、土佐電気鉄道は新会社・とさでん交通へと経営統合された。

　初三郎は、1925（大正14）年に後免線が全通した後に、土佐電気や高知市の依頼を受けて本図を制作した。高知城を中心に据え、旧城下町を走る路面電車と沿線名所を描き込んだ。高知駅から商船の桟橋までの路線と、郊外の井野と後免とを結ぶ路線が交差する播磨屋橋には、渡り線と4方向の停留所が詳細に描写されている。桂浜や浦戸湾の風光明媚な絶景を経て現れる南国・高知の魅力的な街並みに加え、神戸からの客船と航路を画面手前に配置することで関西方面からの交通利便性を強調し、旅情を誘う。

第2章　昭和2年から昭和4年までの作品

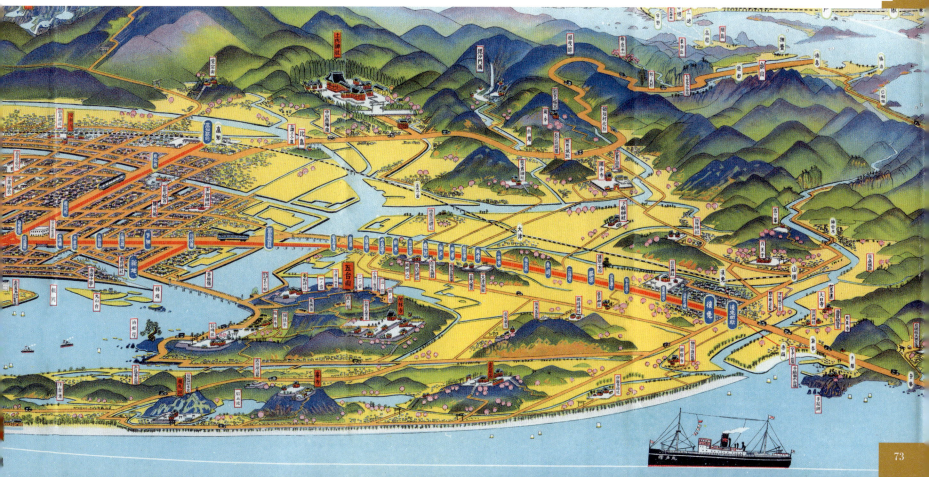

宮島廣島名所交通図絵

- ▶出版物の表題：宮島廣島名所図絵「宮島廣島名所交通図絵」
- ▶発行：廣島瓦斯電軌　▶発行年月日：1928（昭和3）年8月7日
- ▶路線：廣島瓦斯電軌　▶地域：広島県
- ▶開業年月日：1912（大正元）年11月23日　▶現在の路線：広島電鉄

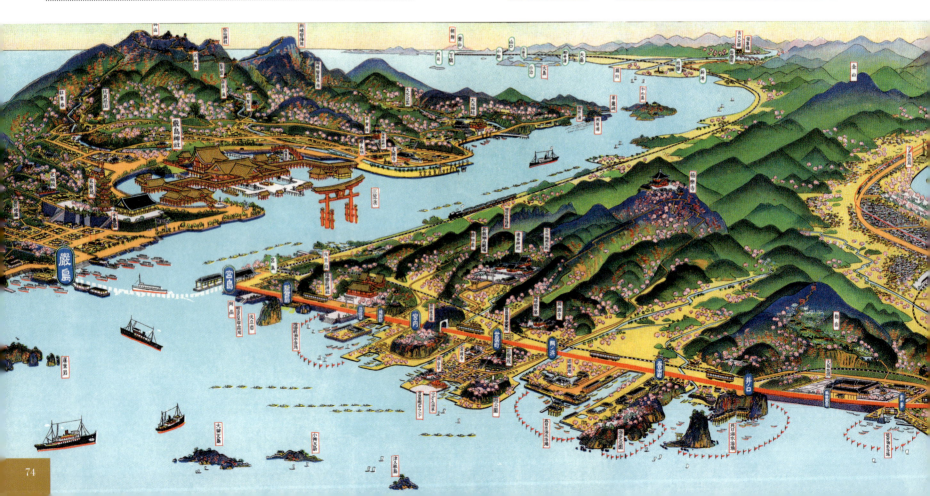

描かれた情報量は初三郎作品でも随一!!　軍都と景勝地を結ぶ広島電鉄の沿線案内

廣島瓦斯電軌の前身である廣島電気軌道は、1912（大正元）年11月に広島駅～相生橋・紙屋町～御幸橋西・八丁堀～白島停留場間で開業し、翌12月には本線を己斐（現西広島）停留場まで延伸した。1917（大正6）年8月、廣島瓦斯と合併して廣島瓦斯電軌が発足。その後、路線の延伸を繰り返して、1931（昭和6）年2月に宮島線が全線開通する。戦時下の企業統制により、ガス部門と交通部門が分離されて、1943（昭和18）年4月に広島電鉄が発足した。1958（昭和33）年4月には市内線（軌道）と宮島線（鉄道）の直通運転を開始する。

初三郎は、1915（大正4）年に初めて宮島を訪れ、「厳島案内」を描いている。1928（昭和3）年に廣島瓦斯電軌からの依頼により、本図を制作した。戦前の広島は軍都として繁栄した歴史があるが、明治天皇の大本営が置かれた広島城や太田川を画面中央付近に据え、市街地路線や瀬戸内航路の重要港である宇品港、宮島・厳島神社をはじめとする沿線の景勝地などを詳細に描き込んだ。その情報量は同時代の初三郎作品随一である。同図は2012（平成24）年の広島電鉄「電車開業100周年記念絵巻（一日乗車乗船券付き）」などでたびたび復刻され、人気を博している。

第2章 昭和2年から昭和4年までの作品

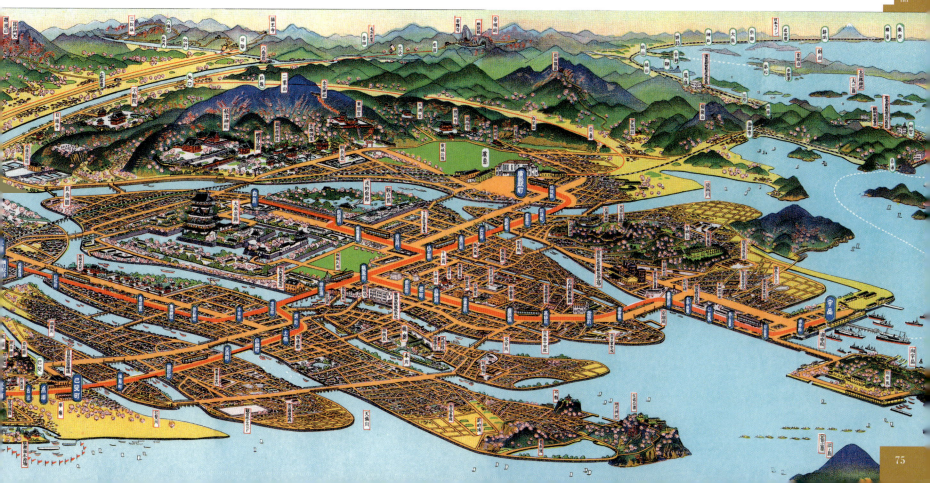

鞍馬電鉄沿線名所交通鳥瞰図

- ▶**出版物の表題**：鞍馬電鉄沿線名所図絵「鞍馬電鉄沿線名所交通鳥瞰図」
- ▶**発行**：鞍馬電気鉄道　▶**発行年月日**：1928（昭和3）年9月10日
- ▶**路線**：鞍馬電気鉄道　▶**地域**：京都府
- ▶**開業年月日**：1928（昭和3）年12月1日　▶**現在の路線**：叡山電鉄鞍馬線

表紙 　全体

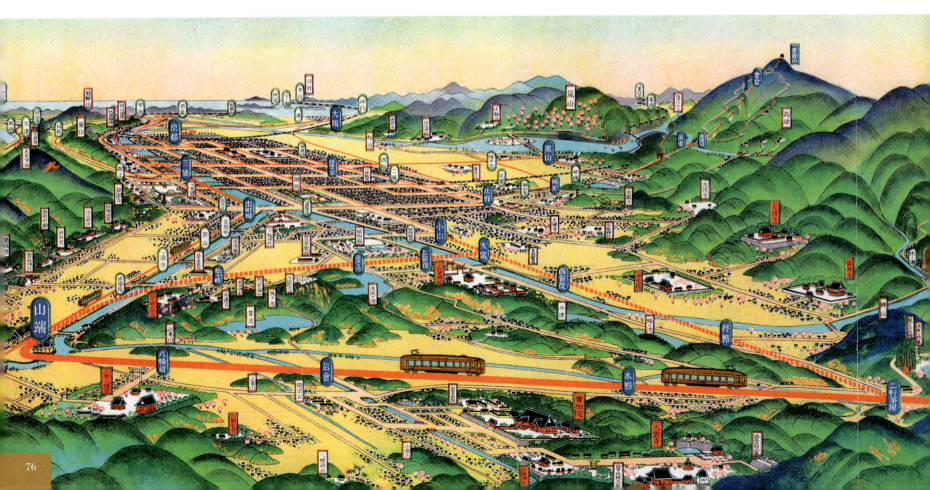

京都中心部と霊山・鞍馬山を結ぶ山岳路線の開通記念作

　叡山電鉄鞍馬線の前身である鞍馬電気鉄道は、1928（昭和3）年12月に鞍馬寺や貴船神社への参詣・行楽路線として山端（現宝ケ池）〜市原駅間で開業した。

　初三郎はこの路線の開通記念作品として、同社の依頼で実地踏査し本図を制作した。左端に未開通区間の解説が別紙で貼り込まれている。終点の鞍馬駅は、開業時の仮駅からの区間を破線で表現し、鞍馬寺や天狗杉、貴船神社、小野寺、実相院などの寺社や旧跡は、細部の景観も描き込まれている。直線で表現した路線に加え、大きく描かれた電車が参詣路線としての特徴となっている。また、山門〜毘沙門駅間の鞍馬山鋼索鉄道が右側に描かれているが、当時は未開通で、開通は1957（昭和32）年1月のことだ。

　1929（昭和4）年12月に鞍馬駅まで全通し、同時に京都電燈叡山電鉄線（現叡山電鉄叡山本線）に山端駅から乗り入れて、出町柳駅までの直通運転を開始した。二軒茶屋駅以降は山の勾配を上る山岳路線となる。戦時下の1942（昭和17）年8月、電力国家管理により京都電燈の鉄道事業を分離して設立された京福電気鉄道と合併し、同社鞍馬線となる。1986（昭和61）年4月、路線は叡山電鉄に譲渡されて叡山電鉄鞍馬線となった。

第2章　昭和2年から昭和4年までの作品

奈良電車沿線を中心とせる鳥瞰図絵

- ▶出版物の表題：奈良電気沿線名所図絵「奈良電車沿線を中心とせる鳥瞰図絵」
- ▶発行：奈良電気鉄道　▶発行年月日：1928（昭和3）年9月25日
- ▶路線：奈良電気鉄道　▶地域：京都府・奈良県
- ▶開業年月日：1928（昭和3）年11月3日　▶現在の路線：近鉄日本鉄道京都線

表紙　　全体

昭和天皇の即位大典に際して描かれた京都と奈良という古都をつなぐ路線

　奈良電気鉄道は、1928（昭和3）年に桃山御陵前～西大寺（現大和西大寺）駅間で開業した。同年11月10日に行われた昭和天皇の京都御所での即位大典に際し、神武天皇を祀る橿原神宮と京都とを直結する路線だった。当初より大阪電気軌道（現近畿日本鉄道）の奈良線・畝傍線（現橿原線）と直通運転を行った。大典終了後には京都～桃山御陵前間が開業して全通し、京都～奈良駅間で急行運転が始まった。1929（昭和4）年11月には参宮急行電鉄と、1935（昭和10）年には京阪電気鉄道との連絡運輸も開始。1945（昭和10）年12月より丹波橋駅から京阪神急行京阪線（現京阪本線）への乗り入れも開始するが、1963（昭和38）年、近畿日本鉄道に合併されて、同鉄道の京都線となった。

　本図は左に京都、右に奈良を配しており、京都～桃山御陵前～西大寺～橿原神宮前駅間を直線で表すことで、国有鉄道の奈良線より早くて運行本数が多いという利点を表現している。沿線の名所旧跡、宇治川橋梁などの鉄道施設の描写も細密で、初三郎の全盛期を代表する濃密な鉄道沿線鳥瞰図である。京都出身の初三郎は、「大礼記念京都大博覧会誌」など、本図以外にも昭和天皇御大典に関する図絵を10作以上制作している。

第2章　昭和2年から昭和4年までの作品

79

北九州の仙境小倉鉄道沿線名所図絵

- ▶出版物の表題：小倉鉄道沿線名所案内「北九州の仙境小倉鉄道沿線名所図絵」
- ▶発行：小倉鉄道 ▶発行年月日：1928（昭和3）年9月（9月28日下関要塞司令部認可済）
- ▶路線：小倉鉄道 ▶地域：福岡県
- ▶開業年月日：1915（大正4）年4月1日 ▶現在の路線：JR日田彦山線・添田線

表紙   全体

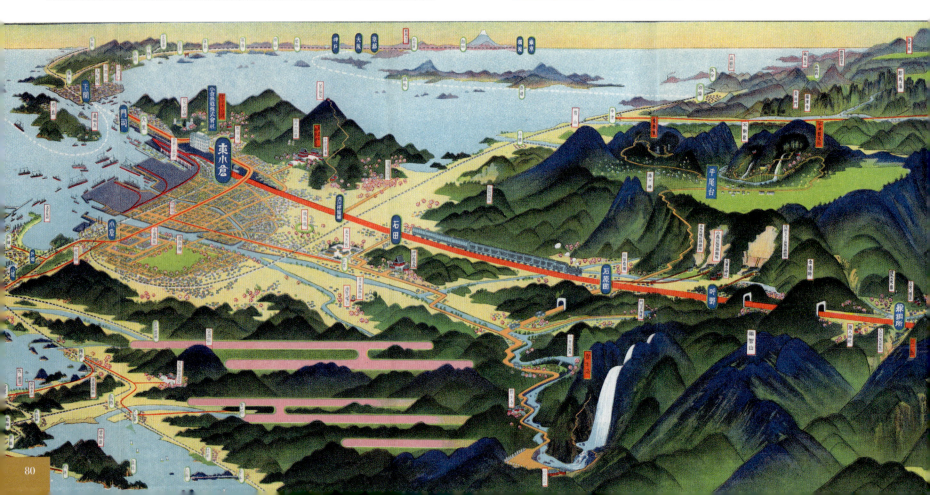

霊峰・英彦山や筑豊炭田へと続く産業路線

東小倉（現在は休止）〜上添田（現添田）駅間で小倉鉄道が開業したのは1915（大正4）年で、同時に上香春（現香春）駅、今任駅（現在は廃止）も開業した。3年後には、東小倉〜富野連絡所（太平洋戦争中に東小倉駅と統合）間での貨物運輸を開始する。1943（昭和18）年、鉄道事業が鉄道省に戦時買収され、東小倉〜添田駅間は国有鉄道の添田線となった。1956（昭和31）年3月に添田線は日田線に統合され、同年11月には城野〜石田駅間の短絡線が開通して東小倉〜石田駅間の旅客営業は廃止される。1962（昭和37）年、東小倉〜石田駅間の貨物支線も廃止された。なお、香春〜添田駅間は1960（昭和35）年に再び添田線となるも、1985（昭和60）年に全線廃止となった。小倉鉄道の営業区間の一部は、現在のJR日田彦山線に相当する。

初三郎は1928（昭和3）年春、小倉鉄道の依頼を受けて実地踏査し、カルスト台地で知られる平尾台や名瀑・菅生の滝、田川のシンボル・香春岳の山麓などを通る路線を表現した。天皇家ゆかりの古社や霊峰・英彦山へと続く神社参道の石段、三千僧坊跡のほか、炭鉱や石灰採掘場も描き、産業路線としての特徴も巧みに盛り込んだ。全盛期の初三郎らしい構成といえる。

第2章 昭和2年から昭和4年までの作品

神戸有馬電鉄沿線名所交通図

- ▶出版物の表題：神戸有馬電鉄沿線名所図「神戸有馬電鉄沿線名所交通図」
- ▶発行：神戸有馬電気鉄道　▶発行年月日：1928（昭和3）年11月1日
- ▶路線：神戸有馬電気鉄道　▶地域：兵庫県
- ▶開業年月日：1928（昭和3）年11月28日　▶現在の路線：神戸電鉄

表紙 　全体

港町・神戸から歴史ある有馬温泉へと招き入れる郊外鉄道

　神戸有馬電気鉄道（現神戸電鉄）は、1928（昭和3）年11月に湊川〜電鉄有馬（現有馬温泉）駅間で有馬線が開業し、翌月には唐櫃（現有馬口）〜三田駅間で三田線も開業した。三田〜有馬駅間を走っていた国有鉄道の有馬線（戦時中に休止）への相互乗り入れを計画するも叶わず、新線による三田駅への連絡となった。

　初三郎は神戸有馬電気鉄道の依頼を受けて沿線を実地踏査し、同鉄道の開業前に本図を制作した。六甲山を中央上部に配置し、左側に有馬温泉街を細部にわたり表現している。高低差のある地形で平らな区間は少ないが、わかりやすくするため直線的に描いた。開通したばかりの有料道路・裏六甲ドライブウェイやゴルフ場のほか、小部（現鈴蘭台）駅の最寄りに同電鉄が開発・分譲した小部住宅地なども描き込んでいる。

　1947（昭和22）年、神戸有馬電気鉄道は三木電気鉄道を合併し、社名を神有三木電気鉄道とし、2年後には神戸電気鉄道に変更した。1952（昭和27）年、粟生線が開通し、1968（昭和43）年には神戸高速鉄道への乗り入れを開始。1988（昭和63）年に現在の神戸電鉄へと再度社名を変更し、1991（平成2）年に公園都市線（横山〜フラワータウン駅）も開業した。

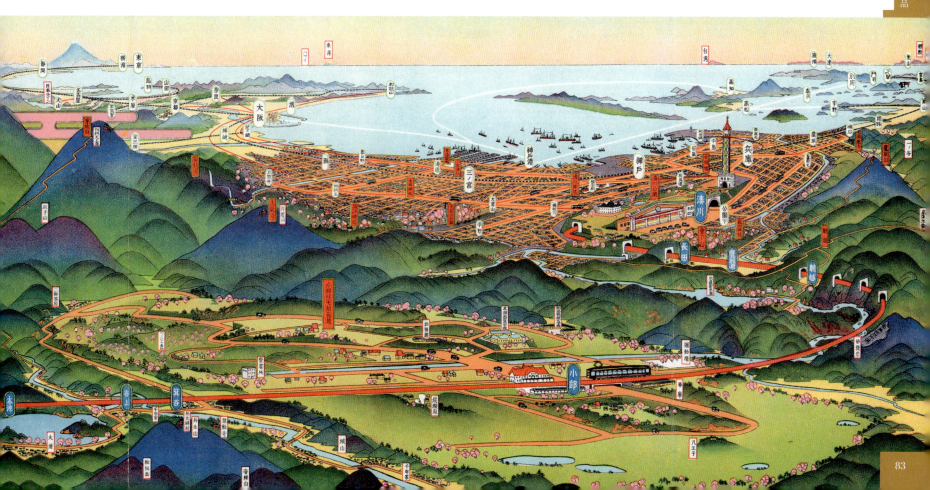

日本ラインを中心とせる名古屋鉄道沿線名所図絵

- ▶出版物の表題：名鉄電車名所御案内「日本ラインを中心とせる名古屋鉄道沿線名所図絵」
- ▶発行：名古屋鉄道　▶発行年月日：1928（昭和3）年
- ▶路線：名古屋鉄道　▶地域：愛知県
- ▶開業年月日：1898（明治31）年5月6日　▶現在の路線：名古屋鉄道

表紙

全体

犬山城と木曽川沿いの絶勝へと誘うこの名作に描かれた初三郎の画室

　名古屋鉄道の前身である名古屋電気鉄道は、1898（明治31）年開業の笹島〜県庁前停留場間での軌道線（路面電車）に始まる。民営鉄道としては日本で三番目に古い歴史を持ち、路面電車としては二番目に古い。大正時代から昭和初期にかけて、周辺の鉄軌道を合併し、会社設立と社名変更を繰り返して路線網を拡大させた。その間の1922（大正11）年8月、市内線（軌道）事業が名古屋市に移管された。残った郡部線（鉄道）で新たに設立されたのが名古屋鉄道（初代）である。1930（昭和5）年、美濃電気軌道を合併して名岐鉄道に社名変更し、1935（昭和10）年、名岐鉄道と愛知電気鉄道が合併して現在の名古屋鉄道が発足した。

　初三郎は1923（大正12）年初夏、名古屋鉄道社長・上遠野富之助の招聘を受けて、木曽川河畔の犬山城や日本ラインを実地踏査し、その絶勝に魅了された。この年、関東大震災で東京の活動拠点を失った初三郎に対して、名古屋鉄道は画室を提供し、活動を支援した。以降、1936（昭和11）年まで、犬山の蘇江画室が初三郎の拠点となった。本図は名古屋鉄道（初代）の発足直後、日本ラインが「日本新八景」に選ばれたことを受けて制作された。図中には蘇江画室も描かれている。

第2章　昭和2年から昭和4年までの作品

肥前鹿島祐徳稲荷神社参拝交通名所図絵

- ▶出版物の表題：肥前鹿島祐徳稲荷神社「肥前鹿島祐徳稲荷神社参拝交通名所図絵」
- ▶発行：祐徳稲荷神社　▶発行年月日：1929（昭和4）年1月1日
- ▶路線：祐徳軌道　▶地域：佐賀県
- ▶開業年月日：1904（明治37）年12月13日　▶廃止：1931（昭和6）年4月

表紙　　全体

武雄・嬉野の温泉町と祐徳稲荷神社を結ぶ参詣路線

　祐徳軌道は、前身の祐徳馬車鉄道が1904（明治37）年に八本木（後の肥前浜）〜五町田停留場間で開業した。武雄町（現武雄市）から塩田村（現嬉野市）を経て鹿島町（現鹿島市）に至り、祐徳稲荷への参拝客の輸送を主眼とした。延伸を繰り返した後、1907（明治40）年、富岡（後の武雄）〜高橋停留場間が開通して全線開通。祐徳軌道へと商号変更して、本線は馬車鉄道から蒸気・内燃機関に変更された。1930（昭和5）年、国有鉄道の有明線（現JR長崎本線）の延伸で肥前鹿島駅・肥前浜駅が開業したことを受け、翌年に全線廃止となり、バス部門は祐徳自動車に引き継がれた。

　初三郎は新本殿が完成した祐徳稲荷神社の依頼を受け、実地踏査して本図を制作した。日本三大稲荷のひとつである祐徳稲荷の境内を中央に据えて詳細に描き、肥前山口（現江北）駅や武雄駅、嬉野駅から祐徳稲荷に至る、鉄道および自動車道路を平易に表現した。祐徳稲荷神社の本殿は1949（昭和24）年の火災で焼失し、1957（昭和32）年に再建された。現在、祐徳稲荷神社の祐徳博物館には、有明線が全通して長崎本線となった後、1938（昭和13）年に初三郎が描いた絹本肉筆画が収蔵展示され、社宝となっている。

現代も役立てられている初三郎作品
災害復興のシンボルとなった鳥瞰図

▶出版物の表題：人吉温泉翠嵐楼を中心とせる球磨川下り名所案内「人吉温泉日本三急流球磨川下り御案内」
▶発行：翠嵐楼・観光社　▶発行年月日：1928（昭和3）年1月1日
▶地域：熊本県

熊本県の温泉旅館・翠嵐楼は、1910（明治43）年に創業した。日本三大急流のひとつである球磨川沿いに位置し、「球磨川下り」の発祥の地として知られる。1927（昭和2）年、鹿児島本線から分離した八代〜国分（現隼人）駅間が肥薩線と改称されたことを記念し、初三郎は翠嵐楼から「球磨川下り」の鳥瞰図の制作を依頼された。翌年、完成した絹本肉筆画が翠嵐楼の玄関に飾られ、宿泊客が記念撮影をするなど、人気を博した。

ところが2020（令和2）年7月、豪雨によって球磨川流域では堤防の決壊や、橋梁の流失などの大災害が起こる。肥薩線は八代〜吉松駅間で不通となり、翠嵐楼の建物も被害を受けたが、絹本肉筆画は奇跡的に流失を免れた。2022（令和4）年12月、翠嵐楼はリニューアルを果たし、絹本肉筆画は再び入口近くに掲げられている。

肥薩線は不通が続いていたが、2024（令和6）年に国、熊本県、JR九州が復旧に向けて基本合意した。現在、肥薩線沿線を含む球磨川下りの名所を描いたこの鳥瞰図は、復興を願う人々にとってのシンボルとなっている。

表紙には月明かりに照らされた球磨川の情景と、川下りの船が描かれている。

第3章

昭和5年から昭和12年までの作品

初三郎の爛熟期といえる時期。1930（昭和5）年、鉄道省国際観光局から欧米に「観光国日本」をPRするためのポスター制作を依頼される。そのポスターに描かれた「富士山・桜・芸者」は、日本の観光イメージとして欧米に定着した。その翌年には、代表作のひとつである「大井川鉄道沿線名所図絵」を制作。一方で自身の経営する会社から旅行や観光に関する機関誌や雑誌を次々に発行し、総合観光アドバイザーとしての立場を確立した。

旭川市を中心とせる名所交通鳥瞰図

- ▶出版物の表題：みなとの留萌と旭川「旭川市を中心とせる名所交通鳥瞰図」
- ▶発行：旭川市街軌道　▶発行年月日：1930（昭和5）年4月1日
- ▶路線：旭川電気軌道・旭川市街軌道　▶地域：北海道
- ▶開業年月日：1927（昭和2）年2月15日
- ▶廃止：旭川電気軌道1972（昭和47）年12月、旭川市街軌道1956（昭和31）年6月

表紙

全体

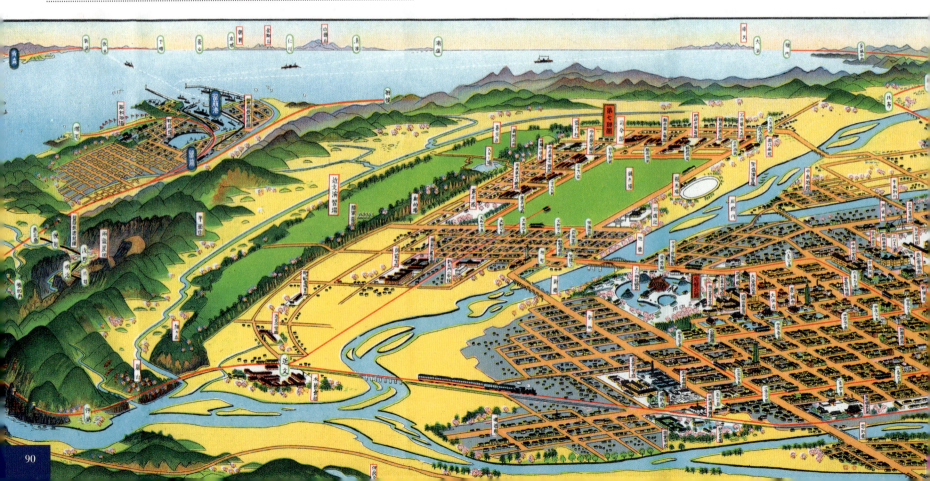

師団の街として繁栄した昭和初期の旭川の交通網と街並み

　旭川電気軌道は、1927（昭和2）年、追分（後に旭川追分）〜十号停留場間で開業した。同年中に東川線（旭川〜東川停留場間）、1930（昭和5）年までに東旭川線（旭川追分〜旭山公園停留場間）が開通する。一方、旭川電気軌道を含め2社が設立した旭川市街軌道は、1929（昭和4）年、四条線の神楽通（後に四条一丁目）〜四条十七丁目停留場間と、一条線の八条北都前（後に八条十五丁目）〜曙通停留場間で開業した。旭川駅前〜旭橋西詰（後に本町二丁目）停留場間の師団線も1932（昭和7）年までに開通する。旭川市街軌道は1956（昭和31）年に全線廃止となり、旭川電気軌道も1972（昭和47）年に軌道事業から撤退した。

　吉田初三郎は、1930（昭和5）年の師団線の旭川駅前停留場乗り入れ開始を前に、旭川市や旭川市街軌道などの依頼を受けて実地踏査し、本図を制作。鳥瞰図は共通するものの、依頼主ごとに表紙や裏面が異なる作品が発行された。大雪山や層雲峡を右奥に、留萌港を左奥に配し、碁盤の目に整備された旭川市街を縦横に走る市街電車線や、郊外へ続く東川線も見える。陸軍による検閲が緩やかな時代で、第七師団の施設や練兵場、市内の工場群など街並みが細かく描かれている。

第3章　昭和5年から昭和12年までの作品

湘南電鉄沿線名所図絵

- ▶出版物の表題：湘南「湘南電鉄沿線名所図絵」
- ▶発行：湘南電気鉄道　▶発行年月日：1930（昭和5）年4月1日
- ▶路線：湘南電気鉄道　▶地域：神奈川県
- ▶開業年月日：1930年（昭和5年）4月1日　▶現在の路線：京浜急行電鉄

横浜から三浦半島へと首都圏からの乗客を誘い入れる元祖「湘南電車」

横浜から三浦半島への輸送を担う湘南電気鉄道は、1930（昭和5）年に黄金町〜浦賀駅間と金沢八景〜湘南逗子（現逗子・葉山）駅間で開業した。1931（昭和6）年、湘南電気鉄道が黄金町駅から日ノ出町駅の手前まで線路を延伸し、京浜電気鉄道もその地点まで延伸することで両線は接続。日ノ出町駅も開業して横浜〜浦賀駅間での相互直通運転が開始された。1933（昭和8）年には品川〜浦賀駅間の直通運転が始まり、1941（昭和16）年に京浜電気鉄道に吸収合併される。1942（昭和17）年には戦時下の企業統合で東京急行電鉄に合併され、1948（昭和23）年、京浜急行電鉄が発足した。

初三郎は「湘南電車」の通称で開業した湘南電気鉄道の依頼を受け、開業前に沿線を実地踏査して本図を制作した。富士山を背後に据えて三浦半島を画面横長の構図に収め、左端に終点の浦賀、右側に横浜や品川を配し、未開通区間を含めて路線網と沿線名所を描写した。多くのトンネルを抜ける路線の特徴が、初三郎特有の極彩色による直線表現で魅力的に表現されている。関東大震災の復興期である鎌倉や逗子、江の島など、周辺の遊覧地のほか、横須賀の海軍工廠や海軍軍需部なども描き込まれている。

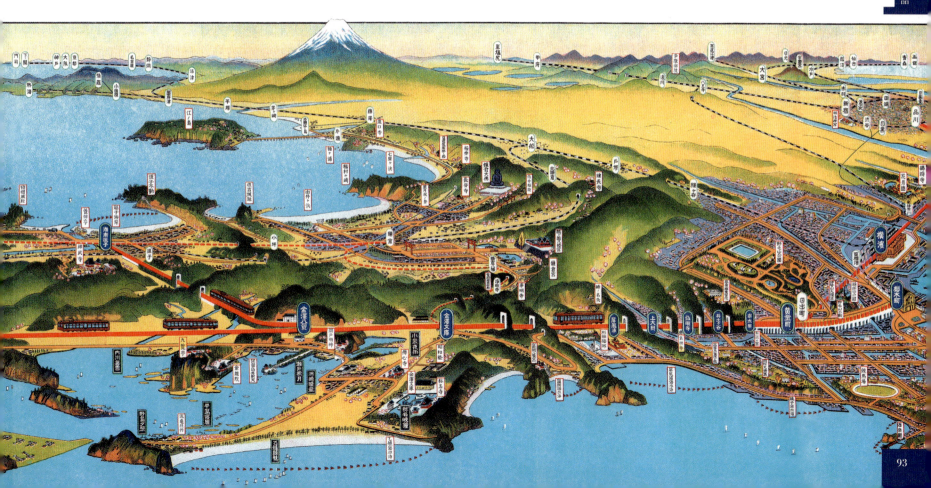

長野電鉄沿線温泉名所交通鳥瞰図

- ▶出版物の表題：平穏温泉及び付近名勝案内「長野電鉄沿線温泉名所交通鳥瞰図」
- ▶発行：長野電鉄　▶発行年月日：1930（昭和5）年春
- ▶路線：長野電鉄　▶地域：長野県
- ▶開業年月日：1922（大正11）年6月10日　▶現在の路線：長野電鉄

表紙

全体

信州の温泉地へと至る景勝路線を初三郎ならではの手法で情緒豊かに表現

長野電鉄は前身の河東鉄道が1922（大正11）年、屋代〜須坂駅間で開業した。1925（大正14）年には屋代〜木島駅間の全線が開通し、1926（大正15）年1月には全線で電化された。同年9月、権堂〜須坂駅間の長野電気鉄道を合併し、長野電鉄へと改称した。1927（昭和2）年、信州中野〜湯田中駅間が開業。翌年に権堂〜長野駅間も開業し、国有鉄道の長野駅への乗り入れが実現する。1957（昭和32）年、長野〜湯田中駅間で特急列車の運転を開始した。利用者減少に伴い、2002（平成14）年に信州中野〜木島駅間の木島線、2012（平成24）年に屋代〜須坂駅間の屋代線が廃止された。

初三郎は1929（昭和4）年初秋、長野電鉄の依頼を受けて実地踏査し、本図を制作した。右側に屋代駅や国有鉄道の長野駅を配し、湯田中駅の奥に広がる信州平穏八湯の温泉旅館街を大きく、情緒豊かに表現した。善光寺など古刹をはじめ、川中島古戦場や幕岩山などの名所も詳細に描かれている。長野電鉄が進めた渋温泉や志賀高原などの観光開発を踏まえ、スキーブームの先鞭となった志賀高原スキー場も見られる。ひとつの図絵に四季を折り込む、初三郎鳥瞰図の表現手法が見事に昇華された作品である。

第3章　昭和5年から昭和12年までの作品

井笠沿線を中心とせる備南名所交通図絵

- ▶出版物の表題：南備名所御案内「井笠沿線を中心とせる備南名所交通図絵」
- ▶発行：井笠鉄道　▶発行年月日：1930（昭和5）年初夏
- ▶路線：井笠鉄道　▶地域：岡山県
- ▶開業年月日：1913（大正2）年11月17日　▶廃止：1971（昭和46）年4月

表紙

全体

瀬戸内海の古港と高梁川上流の渓谷とを結ぶ

井笠鉄道は、1913（大正2）年11月に前身である井原笠岡軽便鉄道が笠岡～井原駅間（本線）で開業したことに始まる。1915（大正4）年、井笠鉄道に社名変更した。1921（大正10）年に矢掛線の矢掛～北川駅間、1925（大正14）年に高屋線の井原～高屋駅間が開通して全線が開通した。1940（昭和15）年には、神高鉄道を合併し、既存の高屋線と併せて神辺線へと改称した。1967（昭和42）年に神辺線と矢掛線、1971（昭和46）年に本線が廃止されて鉄道事業から撤退し、井笠鉄道はバス専業会社となった。2012（平成24）年、そのバス路線も井笠バスカンパニーへと承継されている。

初三郎は1930（昭和5）年春に井笠鉄道の依頼を受けて実地踏査し、本図を制作。この年、岡山では陸軍特別大演習が開催されたことから、「岡山県鳥瞰図」をはじめ、岡山に関する作品を数多く制作している。古くから海運業で栄えた笠岡市と井原市を結ぶ鉄道線を太い赤線で表し、同社が経営するバス路線も黒線で描き込んだ。瀬戸内海に浮かぶ大小32の笠岡諸島や、神武天皇高島行宮趾といった旧跡、井原からバス路線で行くことができる高梁川上流の渓谷や滝なども余さず描かれており、遊覧路線であることが強調されている。

梅小路駅を中心とせる京都近郊鳥瞰図絵

- ▶出版物の表題：梅小路駅を中心とする京名所御案内「梅小路駅を中心とせる京都近郊鳥瞰図絵」
- ▶発行：洛西交通協会 　▶発行年月日：1930（昭和5）年6月10日
- ▶路線：京都鉄道 　▶地域：京都府
- ▶開業年月日：1897（明治30）年2月 　▶現在の路線：JR東海道本線の京都線・山陰線

表紙　　全体

鉄道民衆化の象徴ともいえる京都・梅小路機関庫の全容を描く

初三郎は、洛西交通協会の依頼を受けて実地踏査し、本図を制作した。貨物駅の梅小路駅と、東海道本線と山陰本線の分岐点に広がる梅小路機関庫の全容を描いている。1914（大正3）年建設の鉄筋コンクリート造の扇形車庫や、京都鉄道博物館に移設保存されている京都鉄道時代の二条駅駅舎（日本現存最古の木造駅舎）などを、京都の街並みとともに情緒豊かに表現した。

1876（明治9）年、国有鉄道の東海道本線の京都機関庫が京都駅のそばで仮開設する。1897（明治30）年には、民営の京都鉄道が二条〜嵯峨（現嵯峨嵐山）駅間で開業し、同時に二条機関庫も開設した。1907（明治40）年、京都鉄道は国有化されて国有鉄道の京都線となる。1913（大正2）年には、東海道本線の京都駅の貨物取り扱い業務を移す形で、貨物駅の梅小路駅が誕生した。翌年、京都機関庫と二条機関庫が統合されて梅小路機関庫が発足し、1936（昭和11）年、梅小路機関区に改称する。蒸気機関車（SL）廃止後の1972（昭和47）年、機関区跡に梅小路蒸気機関車館が開設され、2016（平成28）年には蒸気機関車館を引き継いで京都鉄道博物館が開館した。なお、梅小路駅は、2011（平成23）年に京都貨物駅へと改称されている。

第3章 昭和5年から昭和12年までの作品

神戸市名所交通図絵

- ▶出版物の表題：神戸市交通名所鳥瞰図絵「神戸市名所交通図絵」
- ▶発行：神戸市電気局　▶発行年月日：1930（昭和5）年10月1日
- ▶路線：神戸市電気局　▶地域：兵庫県
- ▶開業年月日：1910（明治43）年4月5日　▶現在の路線：神戸市交通局

表紙

全体

六甲山麓に広がる神戸市街を東西に結んだ路面電車

神戸市電気局は、1910（明治43）年、前身の神戸電気鉄道が春日野（後に春日野道）〜兵庫駅前停留場間で路面電車を開業したことに始まる。1913（大正2）年、神戸電気鉄道は神戸電燈と合併し神戸電気に社名を変更した。1917（大正6）年、神戸市が同社を買収して神戸市電気局が発足する。神戸市電気局は、路面電車としては日本初のクロスシート車を1935（昭和10）年に導入するなど、積極経営を展開したが、1942（昭和17）年に神戸市交通局に改組される。戦後になるとモータリゼーションが発達し、地下鉄も建設されたことで、1971（昭和46）年、市電は全線廃止となった。

初三郎は、1930（昭和5）年10月26日に神戸沖で行われた特別大演習観艦式（船165隻、飛行機72機が参加）に合わせて、神戸市電気局の依頼で実地踏査し、本図を制作。六甲山や須磨山、神戸山を背に、東西に広がる交通網や名所旧跡のほか、古くから中国大陸や朝鮮半島との国際貿易の拠点として繁栄した神戸港や兵庫港のにぎわいを無数の船で表現した。この年、神戸市では観艦式記念として海港博覧会を開催している。

市電を赤線、市バスを緑線で表現するなど、他の初三郎作品には見られない表現もうかがえる。

第3章 昭和5年から昭和12年までの作品

参宮急行電鉄沿線名所図絵

- ▶出版物の表題：参宮急行名所図絵「参宮急行電鉄沿線名所図絵」
- ▶発行：参宮急行電鉄 ▶発行年月日：1930（昭和5）年12月
- ▶路線：参宮急行電鉄 ▶地域：大阪府・奈良県・三重県
- ▶開業年月日：1929（昭和4）年10月27日 ▶現在の路線：近畿日本鉄道大阪線・山田線

表紙

全体

大阪、奈良、京都、伊勢神宮を結ぶ近畿地方の長大な参拝路線

　参宮急行電鉄は、伊勢への進出を計画した親会社の大阪電気軌道（大軌）によって、1930（昭和5）年に大軌の終点である桜井駅と山田（現伊勢市）駅を結ぶ路線として開業した（現近鉄大阪線・山田線）。これにより、上本町〜桜井駅間を走る大軌の桜井線（現近鉄大阪線の一部）と直通し、大阪と伊勢とを結ぶ130キロ超の長大な電車路線が完成した。1931（昭和6）年、宇治山田駅が開業して全線が開通し、翌年1月には初の特急電車が登場して、上本町〜宇治山田駅間が2時間1分で結ばれた。1944（昭和19）年、戦時下の企業統合で大軌と合併して関西急行鉄道となり、さらに同年、近畿日本鉄道が発足した。

　初三郎は参宮急行電鉄の開業前に、依頼を受けて実地踏査し、本図を制作した。大阪・奈良・京都方面からの参拝客を伊勢神宮へ運ぶ連絡路線網を巧みに描いた。伊勢神宮（内宮・外宮）や朝熊岳、二見浦の夫婦岩などの参拝景勝地を左に、大軌の起点・大阪上本町や京都を右に配している。中央には赤目四十八滝や青山峠などを描き、沿線の名所旧跡の魅力も伝える。大胆な構図と配色により、伊勢神宮・橿原神宮・桃山御陵が1日で参拝可能であることも強調されている。

九軌沿線御案内北九州図絵

- ▶出版物の表題：九軌電車「九軌沿線御案内北九州図絵」
- ▶発行：九州電気軌道　▶発行年月日：1931（昭和6）年7月1日
- ▶路線：九州電気軌道　▶地域：福岡県
- ▶開業年月日：1911（明治44）年6月5日　▶廃止：2000（平成12）年11月

表紙　全体

北九州市誕生のきっかけとなった工業地帯をつなぐ路面電車

　九州電気軌道は、1911（明治44）年、北九州本線の東本町〜大蔵停留場間で開業した。1914（大正3）年には門司〜折尾停留場間の全線が開通する。戸畑線は1912（明治45）年に大門〜戸畑停留場間で、枝光線は1929（昭和4）年に幸町〜中央町停留場間で全線が開通した。1942（昭和17）年2月、小倉電気軌道を合併し、大坂町〜北方停留場間を北方線とする。同年9月、戦時下の路線統合で西日本鉄道が誕生し、西鉄の北九州線となった。1980（昭和55）年以降、路線は順次廃止され、2000（平成12）年、残っていた北九州本線の黒崎駅前〜折尾停留場間が廃止、黒崎駅前〜熊西停留場間が筑豊電気鉄道の路線となり、全線廃止となった。

　初三郎は、1931（昭和6）年初春、九州電気軌道の依頼を受けて実地踏査し、本図を制作。門司・小倉・戸畑・八幡を結ぶ都市間電車沿線の街並みや名所旧跡に加え、北九州工業地帯を細部まで描いた。門司税関や関門海峡を行き交う船、八幡製鐵所や戸畑鋳物、共同漁業の様子も見える。小倉城趾には原爆投下目標だった陸軍小倉造兵廠がある。また、幻の未成線・福岡急行線（九軌福岡行未成線）や、筑豊電軌予定線（戦後に筑豊電気鉄道として一部開通）も記されている。

大井川鉄道沿線名所図絵

- ▶出版物の表題：大井川鉄道沿線名所図絵「大井川鉄道沿線名所図絵」
- ▶発行：大井川鉄道　▶発行年月日：1931（昭和6）年12月
- ▶路線：大井川鉄道　▶地域：静岡県
- ▶開業年月日：1927（昭和2）年6月10日　▶現在の路線：大井川鐵道

表紙　　全体

現在もSLが走る大井川流域の郷愁路線

　1927（昭和2）年、金谷〜横岡駅間で大井川鉄道が開業する。以降、延伸を繰り返し、1931（昭和6）年、現在の大井川本線である金谷〜千頭駅間が全線開通した。1949（昭和24）年には全線で電化され、蒸気機関車（SL）による運行を休止している。1959（昭和34）年、中部電力専用鉄道を承継して、千頭〜堂平駅間で井川線として営業を開始した（後に堂平駅が休止され、千頭〜井川駅間に）。1976（昭和51）年には、大井川本線にて日本で初めてSLの動態保存運転を開始している。2000（平成12）年、子会社の大鉄技術サービスを存続会社とする形で合併し、大井川鐵道と改称した。

　初三郎は、1931（昭和6）年に大井川鉄道の依頼を受けて実地踏査し、本図を制作。富士山を中央奥に据え、茶どころ・静岡でも随一の牧之原大茶園を擁する東海道本線の金谷駅を起点として、大井川上流の千頭駅までの鉄道本線と、上流の千頭御料林につながる森林軌道の路線、川添いに点在する集落までを写し取っている。南アルプスの水源地には東京電力のダム予定地や取水口まで描き込まれており、沿線の名所はもちろん、産業まで丁寧に伝えている。なお、千頭駅の近くにある清涼画荘は、初三郎の画室兼別荘だった。

第3章 昭和5年から昭和12年までの作品

107

定山渓電鉄沿線名所図絵

- ▶出版物の表題：札幌市郊外定山渓温泉電鉄名所図絵「定山渓電鉄沿線名所図絵」
- ▶発行：定山渓鉄道　▶発行年月日：1931（昭和6）年10月
- ▶路線：定山渓鉄道　▶地域：北海道
- ▶開業年月日：1918（大正7）年10月17日　▶廃止：1969（昭和44）年

所蔵：札幌市中央図書館

表紙　　全体

春夏秋冬いつでも楽しめる「札幌の奥座敷」の遊覧路線

　定山渓鉄道は、1918（大正7）年に白石～定山渓駅間で開業した。1926（大正15）年、北海道鉄道札幌線（現JR千歳線）が沼ノ端～苗穂駅間で開通したことに伴い、東札幌駅を新設する。1929（昭和4）年、東札幌～定山渓駅間が電化し、1931（昭和6）年には接続する北海道鉄道札幌線の東札幌～苗穂駅間も電化して、苗穂駅への電車乗り入れを開始した。戦時下の1945（昭和20）年、資材供出のため、白石～東札幌駅間が不要不急線に指定され廃止。1969（昭和44）年、利用客の減少に加えて豊平駅そばの国道踏切が交通障害となり、東札幌～定山渓駅間が全線廃止となった。

　初三郎は定山渓鉄道の開業前にこの地を訪れ、建設中の軌道をトロッコに乗って見学している。本図は、1931（昭和6）年の苗穂駅への電車乗り入れを前に、定山渓鉄道の依頼を受けて制作された。春は山桜、夏は新緑、秋は紅葉、冬はスキーが楽しめる定山渓は、"札幌の奥座敷"と呼ばれて人気を博した。豊平川の奇岩や滝といった自然の地形、遊覧船、川沿いに広がる温泉街のほか、積雪のスキー場でスキーを楽しむ人のシルエットまで細かく描かれており、沿線の四季の変遷がよく伝わる作品となっている。

下関及び長府を中心とせる鳥瞰図

▶出版物の表題：山陽電鉄沿線案内図「下関及び長府を中心とせる鳥瞰図」
▶発行：山陽電気軌道　▶発行年月日：1932（昭和7）年11月3日
▶路線：山陽電気軌道　▶地域：山口県
▶開業年月日：1926（大正15）年12月25日　▶廃止：1971（昭和46）年2月

表紙

全体

大陸への玄関口・下関を走った路面電車と街並み

　山陽電気軌道は、1926（大正15）年、松原〜壇ノ浦停留場間で開業し、以降は路線を延伸していく。1928（昭和3）年には東下関〜幡生停留場間の長州鉄道を承継。1938（昭和13）年、唐戸〜下関（後に西細江）停留場間の開通により全通した。1946（昭和21）年、国有鉄道の下関駅の移転に伴い延伸し、1954（昭和29）年には彦島口停留場まで延伸した。利用者の減少により、1969（昭和44）年に下関〜彦島口停留場間、唐戸〜長府停留場間が廃止され、1971（昭和46）年には下関〜唐戸〜東下関〜幡生停留場間も廃止されて、鉄軌道事業が全廃された。山陽電気軌道は社名をサンデン交通に改称し、バス事業会社となった。

　初三郎は、1932（昭和7）年春、下関市や山陽電気軌道の依頼を受けて実地踏査し、本図を制作。本土から中国、満州や朝鮮半島へと続く国際連絡都市・下関市の全容を表現した。市中心部を行き交う軌道、海上の航路が入り組み、下関や関門海峡が要衝であることがわかる。日清戦争の講和条約の締結会場となった春帆楼、壇ノ浦の戦いで入水した安徳天皇を祀る赤間神宮なども見える。造船所が建設された彦島のそばには、宮本武蔵と佐々木小次郎の決闘の地・巌流島がある。

第3章 昭和5年から昭和12年までの作品

琴平急行沿線名所鳥瞰図

- ▶出版物の表題：琴平急行「琴平急行沿線名所鳥瞰図」
- ▶発行：琴平急行電鉄　▶発行年月日：1933（昭和8）年9月1日
- ▶路線：琴平急行電鉄　▶地域：香川県
- ▶開業年月日：1930（昭和5）年4月7日　▶廃止：1954（昭和29）年9月

表紙　全体

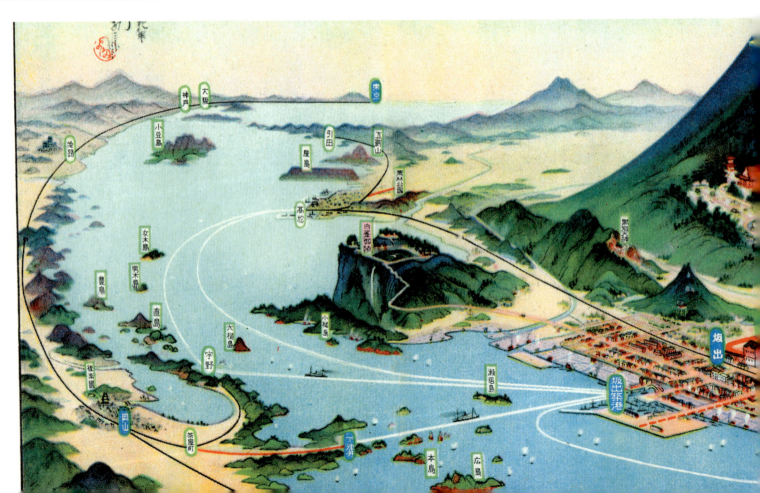

本州との玄関口・坂出から金刀比羅宮への参詣路線

　琴平急行電鉄は、1930（昭和5）年に開業し、金刀比羅宮への参詣路線として、本州からの入口である坂出駅から電鉄琴平駅までを結んだ。琴平にはすでに国有鉄道の土讃本線、琴平電鉄（現ことでん琴平線）、琴平参宮電鉄の3路線が走っており、後発のため社名に「急行」を冠して、汽車の土讃線や軌道の琴平参宮電鉄より早いことを強調している。しかし、開業時から全列車が各駅停車だった。並行路線やバス路線との競争に勝てず常に業績は不振で、戦時下の1944（昭和19）年に不要不急線として営業が休止。戦後も再開することなく、1948（昭和23）年に琴平参宮電鉄に合併された後、1954（昭和29）年、正式に廃止された。

　初三郎は、1933（昭和8）年、琴平急行電鉄の依頼を受けて実地踏査し、本図を制作。なだらかな裾野が美しい標高422メートルの讃岐富士（飯野山）を中央に大きく描いているのが特徴である。坂出駅や坂出築港を構図の中心に据え、金刀比羅宮に直通すること、本州からの連絡航路や鉄道路線が集中する坂出が讃岐遊覧の中心であることを強調している。一方で、ライバルの琴平参宮電鉄が走る丸亀や善通寺は控えめに描かれており、依頼者の意向を汲んでいることが推察される。

第3章　昭和5年から昭和12年までの作品

福武電鉄及南越鉄道沿線名所図絵

- ▶出版物の表題：福武電鉄南越鉄道沿線名所図絵「福武電鉄及南越鉄道沿線名所図絵」
- ▶発行：福武電気鉄道・南越鉄道　▶発行年月日：1933（昭和8）年10月
- ▶路線：福武電気鉄道・南越鉄道　▶地域：福井県
- ▶開業年月日：1924（大正13）年2月23日　▶廃止（南越鉄道）：1981（昭和56）年3月
- ▶現在の路線（福武電気鉄道）：福井鉄道福武線

所蔵：石黒三郎

表紙

全体

越前各都市や郊外景勝地を結ぶ連絡鉄道

　福武電気鉄道は1924（大正13）年、武生新（現たけふ新）～兵営（現神明）駅間で開業した。1933（昭和8）年、延伸により武生新駅～福井駅前停留場間が全線開通する。南越鉄道は前身の武岡軽便鉄道により、1914（大正3）年、新武生～五分市間で開業した。1924（大正13）年、後身の武岡鉄道が今立鉄道（未開業）と合併して南越鉄道となった。1941（昭和16）年、南越鉄道は福武電気鉄道に合併され、さらに終戦直前の1945（昭和20）年8月、福武電気鉄道が鯖浦電気鉄道と合併して福井鉄道となる。福武電気鉄道は福井鉄道福武線、南越線は福井鉄道南越線となったが、1981（昭和56）年に南越線は廃止された。

　初三郎は、1933（昭和8）年初夏、福武電気鉄道と南越鉄道から制作の依頼を受けて実地踏査した。本図は、同年秋開催の陸軍特別大演習に向けて、福井県全県鳥瞰図や福井市鳥瞰図とともに制作された。いずれも絹本肉筆画が大本営御座所に掲げられたという。本図では、左端に東尋坊や福井市、中央に鯖江町や歩兵第三十六連隊、練兵場、右端に両電鉄の本社が置かれた福武町が描かれた。寺社仏閣を中心に、両電鉄の沿線の名所が明快に表現されている。

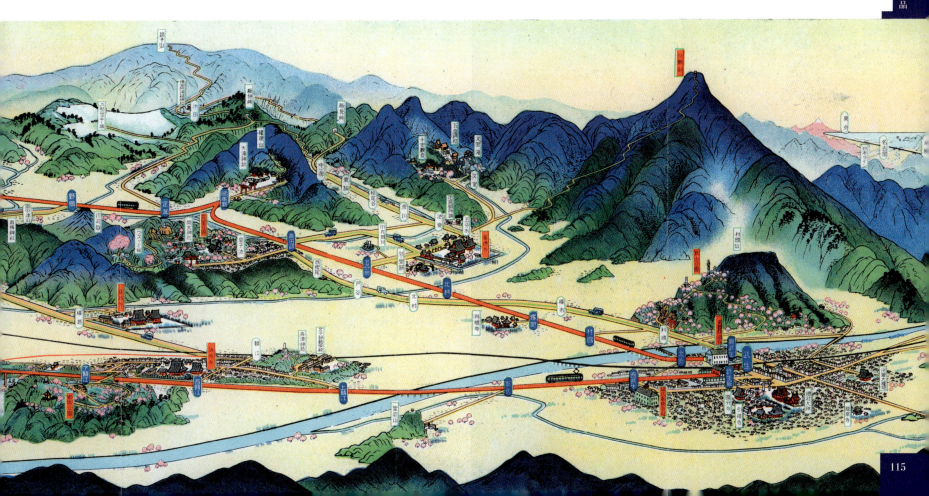

淡路鉄道沿線名所鳥瞰図

- ▶出版物の表題：鳴門「淡路鉄道沿線名所鳥瞰図」
- ▶発行：淡路鉄道　▶発行年月日：1934（昭和9）年4月20日
- ▶路線：淡路鉄道　▶地域：兵庫県
- ▶開業年月日：1922（大正11）年11月26日　▶廃止：1966（昭和41）年9月

表紙 　全体

神話の国・淡路島を横断して本州と四国を股にかけた遊覧鉄道

淡路鉄道は、1922（大正11）年、淡路島の洲本口（後に宇山）〜市村駅間で開業した。以降は延伸を繰り返し、1925（大正14）年、賀集〜福良駅間の開業により全線が開通した。1932（昭和7）年、ガソリン気動車での運行を開始する。1943（昭和18）年、戦時中の交通統制で全淡自動車と統合されて淡路交通へと改称した。戦後になると、1948（昭和23）年に全線が電化されるも、モータリゼーションの波に飲まれ、次第に業績は低迷し、1966（昭和41）年に全線廃止となった。

初三郎は、御陵東駅と納駅が開業した1933（昭和8）年、淡路鉄道の依頼を受けて実地踏査し、本図を制作。本州からの連絡航路がある洲本港を右側に、徳島への連絡船がある福良港を左側に配した構図で、淡路島を横断する淡路鉄道沿線の名所旧跡や景勝地を「神話の国・伝説の島」をテーマにして描いた。起伏に富む島内の地形や鳴門の大渦を望む鳴門遊園地、成相川のホタルの名所など、1934（昭和9）年3月の国立公園の第一次指定に瀬戸内海が選ばれたことを意識した描き込みも見える。本図裏面の沿線案内には「沿線全部要塞地帯内であるから、許可を得ねば写生も撮影もできない」とあり、苦労があったことも記されている。

鐵道沿線名所鳥瞰圖

昭和九年三月六日由良要

名岐鉄道全線名勝鳥瞰図

- ▶出版物の表題：名岐鉄道沿線御案内「名岐鉄道全線名勝鳥瞰図」
- ▶発行：名岐鉄道　▶発行年月日：1935（昭和10）年1月1日
- ▶路線：名岐鉄道　▶地域：愛知県・岐阜県
- ▶開業年月日：1910（明治43）年5月6日（郡部線の最初の開業区間である押切町～枇杷島駅間にて）
- ▶現在の路線：名古屋鉄道

表紙

全体

名古屋と岐阜をつなぐ完成目前の木曽川橋梁を描いた1930年代の初三郎の代表作

　1921（大正10）年6月に発足した名古屋鉄道（初代）は翌7月、名古屋電気鉄道から郡部線を譲受して営業を開始した。以降、東海地方の鉄道会社を次々に合併していく。1930（昭和5）年9月、岐阜進出を図るため、笠松線（新岐阜〜笠松駅間）をはじめ、岐阜県内に路線網を有していた美濃電気軌道を合併して、名岐鉄道に社名を変更した。その後も各務原鉄道など岐阜県内の鉄道を合併し、1935（昭和10）年4月に木曽川橋梁を完成させて押切町〜新岐阜間の全線が開通。同年8月、愛知電気鉄道と合併し、名岐鉄道が存続会社となり、現在の名古屋鉄道（二代目）が新たに発足した。

　初三郎は、1923（大正12）年秋に名古屋鉄道（初代）の招聘で犬山に蘇江画室を構えたこともあり、同沿線を実地踏査し、多数の鳥瞰図を制作している。本図は、1935（昭和10）年4月の名岐間全通を前に名岐鉄道の依頼により描かれた。名古屋と岐阜の間に展開する複雑な路線網を巧みに描き分け、完成予定の木曽川橋梁などの見どころも細かく表現している。1930年代の初三郎作品を代表する鉄道鳥瞰図となった。名岐間の鳥瞰図としては、「日本ラインを中心とせる名古屋鉄道沿線名所図絵」（本書 P.84）との構図の対比も面白い。

三呉線沿線鳥瞰図

- ▶出版物の表題：三呉線図絵「三呉線沿線鳥瞰図」
- ▶発行：三呉線全通式祝賀協賛会　▶発行年月日：1935（昭和10）年11月14日
- ▶路線：呉線　▶地域：広島県
- ▶開業年月日：1930（昭和5）年3月19日　▶現在の路線：JR呉線

表紙 　全体

三原と呉の軍港とを結んで沿線を走り、瀬戸内海国立公園の絶景を望む

　国有鉄道の三呉線は、広島県三原市から東洋一の軍港と呼ばれた呉市に至る路線として、1910（明治43）年に沿岸鉄道期成同盟会が組織され、計画が始まった。関東大震災による中断を経て、1927（昭和2）年11月に呉と三原の双方から着工。三原側は、1930（昭和5）年に三原〜須波駅間で開業した。以降は延伸を繰り返し、1935（昭和10）年2月に三原〜三津内海（現安浦）駅間が開通した。一方、呉側は1935（昭和10）年3月に呉〜広駅間が開業。同年11月に三津内海〜広駅間も開通して三呉線が全線で開通し、同時に海田市〜呉駅間の旧呉線区間を編入して、呉線へと改称された。

　初三郎は、沿線の町村が組織した三呉線全通式祝賀協賛会の依頼を受けて実地踏査し、三呉線の全線開通を前に本図を制作した。1934（昭和9）年春に国立公園に指定された瀬戸内海の絶景を楽しめる「美の国日本」を代表する遊覧路線であることを意識している。瀬戸内海沿岸を走るトンネルの多い路線であることもわかる。現在はサイクリングの聖地としても知られる「しまなみ海道（西瀬戸自動車道）」の大三島をはじめとする島々、平清盛が開削した海峡・音戸の瀬戸といった海上の要衝、軍港・呉の街並みが詳細に描かれている。

博多湾鉄道沿線名勝図絵

- ▶出版物の表題：博多どんたく「博多湾鉄道沿線名勝図絵」
- ▶発行：博多湾鉄道汽船　▶発行年月日：1937（昭和12）年4月30日
- ▶路線：博多湾鉄道汽船　▶地域：福岡県
- ▶開業年月日：1904（明治37）年1月1日　▶現在の路線：JR香椎線・西日本鉄道貝塚線

表紙　　全体

糟屋炭田の石炭輸送を目的に開業した「三社詣」発祥の路線

　博多湾鉄道は、博多湾沿岸の糟屋炭田（海軍新原採炭所など）の石炭輸送を目的として、1904（明治37）年、西戸崎～須恵駅間で糟屋線として開業した。翌年には宇美駅まで延伸し、全線が開通した。1920（大正9）年3月、商号を博多湾鉄道汽船に改称し、同年5月、新博多～和白駅間を開業した。1925（大正14）年には宮地嶽駅まで延伸する。1942（昭和17）年、陸上交通事業調整法による県下5私鉄の合併で西日本鉄道が発足する。同時に新博多～宮地嶽駅間は宮地嶽線（現西鉄貝塚線）となり、糟屋線（現JR香椎線）は1944（昭和19）年に国有鉄道へと移管された。

　初三郎は、1933（昭和8）年、博多湾鉄道の依頼で同沿線を実地踏査して最初の鳥瞰図を制作し、1937（昭和12）年に改訂版となる本図を描いた。福岡市中心部の新博多駅を起点として、沿線の筥崎宮・宮地嶽神社・香椎宮などの古社を目立たせ、博多湾内の航路やバス路線も描くことで、福岡県では定番の正月の「三社詣（太宰府天満宮・筥崎宮・宮地嶽神社）」を仕掛けた博多湾鉄道の特徴を反映した。1936（昭和11）年開設の福岡第一飛行場（雁ノ巣飛行場）や福岡無電局通信所など、当時の最新施設も描かれている。

「鉄道のまち」を描いた初三郎作品
都市鳥瞰図の中の鉄道関連施設

▶出版物の表題：大宮「帝都郊外唯一之理想境大宮鳥瞰図」
▶発行：埼玉県大宮保勝会　▶発行年月日：1934（昭和9）年10月30日
▶地域：埼玉県

本書における「鉄道鳥瞰図」に該当しない作品にも、鉄道関連施設を中心に描かれたものがある。下の鳥瞰図は、大宮保勝会（現在の観光協会）の依頼により初三郎が制作した。大宮駅を中心として、昭和初期の大宮の街が描かれている。本図には、大宮駅に隣接する大宮工場、大宮操車場といった「鉄道のまち・大宮」を象徴する施設群も大きく描かれた。

大宮駅は、日本初の民営の鉄道会社である日本鉄道により、1885（明治18）年3月に開業した。明治時代初期の日本の主要産業である製糸と養蚕が盛んな群馬県に至る現在のJR高崎線と、東日本を縦貫する現在のJR東北本線とが分岐しており、幹線鉄道網の重要拠点であった。

1894（明治27）年に日本鉄道が開設した大宮工場は、1906（明治39）年に日本鉄道が国有化されると、検査・修繕のみならず、機関車をはじめとする車両製造も手掛ける国有鉄道の直営工場として、日本の鉄道車両技術の発展に貢献した。一方で大宮駅の付属施設として1927（昭和2）年に同駅南側に開設された大宮操車場は、戦後は大宮操駅（貨物駅）として独立し、長い間首都圏北部の貨物輸送の拠点であった。

なお、鉄道工場や大宮操車場は1980年代に規模が縮小された。大宮操車場の敷地は「さいたま新都心」として開発され、2000（平成12）年にさいたま新都心駅、さいたまスーパーアリーナが誕生した。2007（平成19）年10月には、JR東日本創立20周年記念事業として、大宮総合車両センター（大宮工場の後身）に隣接する鉄道博物館が開館している。

表紙

全体

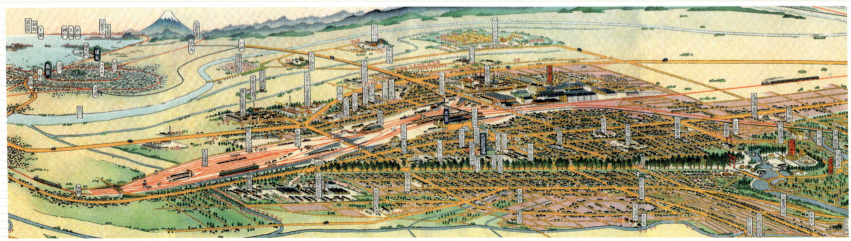

第4章
昭和28年から昭和30年までの作品

初三郎の晩節。1937（昭和12）年に勃発した日中戦争の前後から、精密に描かれる鳥瞰図は厳しい検閲を受け、初三郎は描くことを禁じられた。一方で、海軍従軍画家として中国に渡っている。戦中は依頼が激減して活動は絵葉書を刊行する程度にとどまったうえ、多くの弟子が戦死するなど苦難の時代を過ごした。戦後は1948（昭和23）年頃から自治体の依頼で再び鳥瞰図を描き始めるも、体調を崩し弟子の力を借りて完成させることが多かった。

日本国有鉄道仙台鉄道管理局管内鳥瞰図

- ▶出版物の表題：観光の福島宮城「日本国有鉄道仙台鉄道管理局管内鳥瞰図（観光の福島宮城鳥瞰図）」
- ▶発行：仙台鉄道管理局　▶発行年月日：1953（昭和28）年1月
- ▶路線：東北本線　▶地域：福島県・宮城県
- ▶鉄道開業年月日：1887（明治20）年7月16日　▶現在の路線：JR東北本線

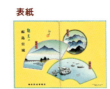
表紙

全体

国鉄からの依頼を受けて初三郎が戦後に初めて描いた鉄道沿線図

　仙台鉄道管理局（初代）は、1919（大正8）年、鉄道院によって創設された。翌年、鉄道院が鉄道省に昇格したのに伴い、仙台鉄道局へと改称される。戦中戦後は運輸通信省や運輸省の管轄に置かれ、1949（昭和24）年に日本国有鉄道（国鉄）が発足。翌年に仙台鉄道局の仙台管理部と福島管理部が改組され、仙台鉄道管理局（二代目）が発足した。1987（昭和62）年の国鉄分割民営化により、同管理局は東日本旅客鉄道（JR東日本）が承継し、現在のJR東日本東北本部となった。

　吉田初三郎は、サンフランシスコ平和条約が発効し、日本が占領軍統治から独立した1952（昭和27）年の初夏、仙台鉄道管理局の依頼を受けて実地踏査を行い、本図を制作した。仙台鉄道管理局管内の福島・宮城両県の風光を鳥瞰図に描いている。これに先駆け、1948（昭和23）年の初夏に初三郎は内閣総理大臣・芦田均と懇談しており、その際に日本の復興には「産業と観光」が重要であると認識し、以後は「産業」と「観光」が初三郎のテーマとなった。そのため本図には、米や魚介といった地域の名産品が黄色の丸の中に文字で描き込まれている。なお、本図は初三郎が描いた戦後初の鉄道沿線図である。

第4章　昭和28年から昭和30年までの作品

127

島原鉄道バス景勝鳥瞰図

- ▶出版物の表題：観光の島原半島「島原鉄道バス景勝鳥瞰図」
- ▶発行：島原鉄道　▶発行年月日：1953（昭和28）年9月
- ▶路線：島原鉄道　▶地域：長崎県
- ▶鉄道開業年月日：1911（明治44）年6月20日　▶現在の路線：島原鉄道

表紙 　全体

雲仙国立公園と島原半島を鉄道とバスで遊覧する

島原鉄道は、1911（明治44）年に本諫早〜愛野村（現愛野）駅間で開業し、1913（大正2）年に諫早〜湊新地駅（島原湊駅を経て現在は島原船津駅）間の全線が開通した。1943（昭和18）年、島原湊〜加津佐駅間を走っていた口之津鉄道を吸収合併し、諫早〜加津佐駅間での営業を開始する。1991（平成2）年、雲仙普賢岳の噴火災害を受けて島原外港（現島原港）〜深江駅間が不通となるが、1997（平成9）年4月に運行を再開。観光トロッコ列車の運行も開始した。2008（平成20）年、旅客需要の減少から、かつて口之津鉄道の区間であった島原外港〜加津佐駅間は廃止された。

初三郎は、1921（大正10）年の『鉄道旅行案内』で、初めて島原半島を実地踏査して雲仙岳などの鳥瞰図を制作した。本図は、1953（昭和28）年、島原鉄道の役員・宮﨑康平（昭和40年代の邪馬台国ブームに火を付けた『まぼろしの邪馬台国』の著者）の招聘により再訪して制作された。島原半島を一周して雲仙温泉や小浜温泉に至る観光遊覧バスに島原鉄道が注力し始めた頃で、表紙に黄色い電車とバスが描かれている。島原バスはバスガイドを導入し、島原音頭や雲仙小唄などを放送する国内初のミュージックバスを運行した。

第4章　昭和28年から昭和30年までの作品

みちのくの旅

- ▶出版物の表題：みちのくの旅「みちのくの旅」
- ▶発行：日本国有鉄道青森地方営業事務所　▶発行年月日：1954（昭和29）年夏
- ▶路線：奥羽本線　▶地域：青森県
- ▶鉄道開業年月日：1894（明治27）年12月1日　▶現在の路線：JR奥羽本線

表紙 　全体

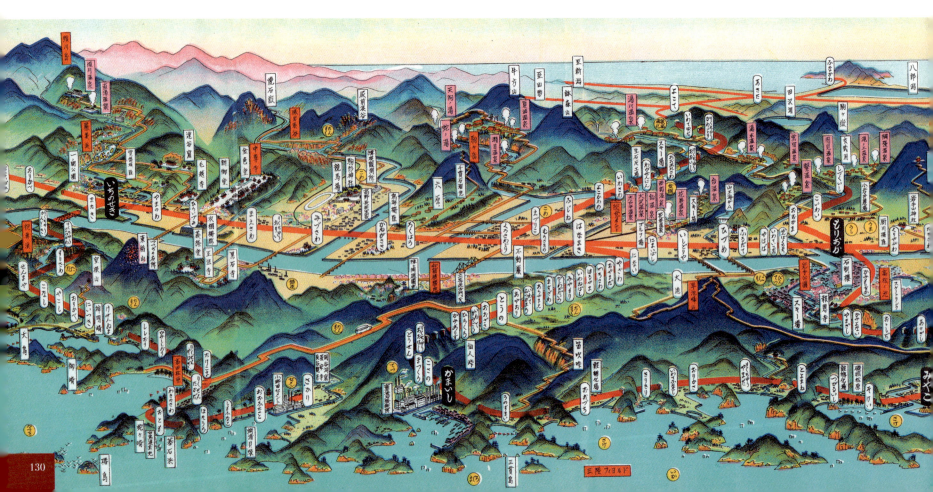

北海道に渡る昭和天皇への献上作品として制作される

奥羽本線は、1894（明治27）年に国有鉄道の奥羽北線として青森〜弘前駅間で開業した。1899（明治32）年には奥羽南線も福島〜米沢駅間で開業。両路線は延伸を繰り返して南下・北上し、1905（明治38）年にどちらも湯沢駅まで延伸して、福島〜青森駅間の全線が開通した。1909（明治42）年、同区間は奥羽本線と改称・制定された。1950（昭和25）年、前年の日本国有鉄道（国鉄）誕生により、国鉄の青森地方営業事務所が発足する。1987（昭和62）年、国鉄分割民営化で東日本旅客鉄道（JR東日本）の路線となった。

初三郎は、1954（昭和29）年8月の昭和天皇の北海道御巡幸に際し、お召列車が通過する東北地方の国鉄各機関から依頼され、沿線鳥瞰図を制作している。本図は、絹地に印刷したバージョンも制作され、昭和天皇へ献上された。一関から青森に至る「みちのく（陸奥）探勝の栞」として鉄道路線と景勝地を細かく描き、文字情報が非常に多い。名勝地を赤色の短冊、温泉をピンク色の短冊、名産品を黄色の丸で表現し、主要工場や港まで描き込んだ。また、従来の作品と違い、両端を大きく曲げる見せ方をしていない。本図と同タイトルで、鳥瞰図や表紙の絵柄が異なる3作品が存在する。

庄内交通路線景勝鳥瞰図

- ▶出版物の表題：観光の庄内・庄内交通路線案内鳥瞰図「庄内交通路線景勝鳥瞰図」
- ▶発行：庄内交通　▶発行年月日：1955（昭和30）年新春
- ▶路線：庄内交通　▶地域：山形県
- ▶鉄道開業年月日：1929（昭和4）年12月8日　▶廃止：1975（昭和50）年3月

表紙 　全体

鶴岡を起点とする遊覧路線を中心として庄内町平野一帯の景勝地を巡る

　庄内交通は、前身の庄内電気鉄道が1929（昭和4）年に鶴岡〜湯野浜温泉（仮）駅間で湯野浜線を開業したことに始まる。翌年には延伸したうえで正式に湯野浜温泉駅が開業し、鶴岡〜湯野浜温泉駅間で営業する。開業時の途中駅は、京田駅、北大山駅、善宝寺駅であった。後に七窪駅と安丹駅も開業する。1934（昭和9）年に社名を庄内電鉄と改称し、戦時下の1943（昭和18）年に県内のバス事業者4社と合併して庄内交通となった。1975（昭和50）年、利用者の減少に伴い湯野浜線が全線廃止となり、鉄道事業から撤退した。

　1954（昭和29）年8月に昭和天皇が北海道御巡幸された際、東京からお召列車で青森入りし、青森港から御召船・洞爺丸で函館へ渡った。初三郎は沿線の国鉄各機関から依頼され、沿線鳥瞰図を制作する。本図は、羽越線の沿線図制作に関連して、庄内交通の依頼により制作した。1950（昭和25）年に国立公園に指定された出羽三山や朝日岳を右奥に、鳥海山を左に配置している。これら景勝地のほか、最上川流域、庄内地方の中心・鶴岡や工業都市・酒田、湯野浜温泉や湯田川温泉などの観光地も描いている。海岸線が入り組んでいるため、トンネルの描写が非常に細かい。

新潟鉄道管理局管内温泉鳥瞰図

- ▶出版物の表題：温泉案内「新潟鉄道管理局管内温泉鳥瞰図」
- ▶発行：日本国有鉄道新潟鉄道管理局　▶発行年月日：1955（昭和30）年
- ▶路線：羽越本線　▶地域：新潟県
- ▶鉄道開業年月日：1912（大正元）年9月2日　▶現在の路線：JR羽越本線

表紙　　全体

新潟県内の温泉地と鉱泉を紹介した異色の沿線案内

　新潟県から山形県の海沿い、秋田県に達する羽越本線は、まず1912（大正元）年9月に信越線として新津～新発田駅間が開通し、延伸後に村上線として独立して鼠ヶ関駅まで到達した。一方、1914（大正3）年12月に余目～酒田駅間が酒田線の延伸区間として開通し、陸羽西線に改称した。また、1920（大正9）年2月には羽越北線が開通し、延伸などを経て秋田～鼠ヶ関駅間が羽越線となった。同年7月の村上～鼠ヶ関駅間開通により、村上線と併せて羽越線が全通し、翌年には支線が開通して羽越本線に格上げされた。

　1949（昭和24）年の日本国有鉄道（国鉄）発足に伴い、1950（昭和25）年8月、新潟鉄道局新津管理部が改組され、新潟鉄道管理局が発足する。

　初三郎は新潟鉄道管理局の開局5周年記念作品として依頼を受けて実地踏査し、本作を制作。鳥瞰図4点が冊子タイプの観光案内としてまとめられた（本図以外の3点には鉄道の表記はない）。景勝地を黄色の短冊、温泉地をピンク色の短冊、鉱泉（炭酸泉）を水色の短冊で表現しているのが特徴で、三条から長岡、越後湯沢にかけての鉱泉の多さに驚かされる。なお、本作は初三郎の鉄道鳥瞰図として最晩年の作品となった。

国鉄奥羽本線青森福島間沿線景勝産業鳥瞰図

- ▶出版物の表題：秋田鉄道管理局沿線案内図「国鉄奥羽本線青森福島間沿線景勝産業鳥瞰図」
- ▶発行：日本国有鉄道秋田鉄道管理局　▶発行年月日：1955（昭和30）年12月
- ▶路線：秋田鉄道管理局　▶地域：山形県・秋田県
- ▶鉄道開業年月日：1894（明治27）年12月1日
- ▶現在の路線：JR奥羽本線・羽越本線

表紙　全体

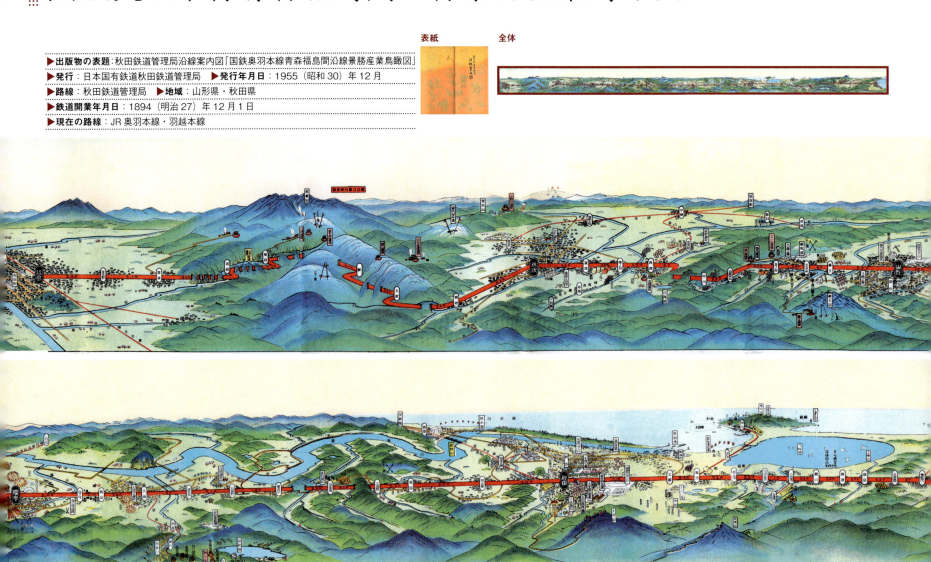

奥羽本線沿線の特産品や伝統行事をまとめてイラストで表現した観光案内

奥羽本線の前身の奥羽北線と奥羽南線は、1905（明治38）年7月に奥羽南線が福島～湯沢駅間で、9月に奥羽北線が青森～湯沢駅間で開通して、福島～青森駅間が全線で開通した。1909（明治42）年10月、福島駅～青森駅間は奥羽本線と改称される。1949（昭和24）年に国鉄が発足すると、1950（昭和25）年8月、それまでの新潟鉄道局の秋田管理部と山形管理部が改組され、秋田鉄道管理局が発足。東北地方では他に盛岡鉄道管理局と仙台鉄道管理局も発足した。1987（昭和62）年、国鉄分割民営化でJR東日本の奥羽本線となった。

初三郎は、秋田鉄道管理局の開局5周年記念作品として沿線の鳥瞰図を制作した。印刷折本には管内の奥羽本線沿線（福島～青森駅間）を描いた本図と、羽越本線（坂田～秋田駅間）を描いた「国鉄羽越線沿線景勝産業鳥瞰図」の2作品が写真解説とともに収録されている。範囲が広いことから、駅周辺の市街のみ詳細に描いてメリハリを利かせた。温泉地には温泉マーク、スキー場にはスキー板が描かれ、リンゴや米などの特産品のほか、伝統工芸品や伝統行事までイラスト化されている。この特徴は他の初三郎作品にはあまり見られず、現代のイラストマップにもつながる試みだ。

第4章 昭和28年から昭和30年までの作品

初三郎が手掛けた多彩な鉄道関連作品たち
絵葉書・記念乗車券・栞

アートディレクターとしての吉田初三郎の作品は鳥瞰図以外にも多岐にわたる。鳥瞰図制作と併せて、鳥瞰図を含む風景絵葉書セットの依頼を受けることも多く、風景絵葉書だけで1200種以上が確認されている。絵葉書は現地の景観風景を切り取って作品にしたもので、安藤広重や葛飾北斎など、初三郎が敬愛した浮世絵師の作品を思わせる画風の作品も多い。鳥瞰図作品はそれらを組み合わせて一枚の作品として構成したもので、それゆえ初三郎は「現代の広重」「大正広重」と呼ばれた。

名古屋市営15周年新型電車（絵葉書）
名古屋市電気局が1937（昭和12）年の市営化15周年記念に制作・発行した絵葉書セットの一枚。同様の絵柄で記念色紙セットなども制作された。

小田原急行電車（カード）
小田原急行が1927（昭和2）年4月に開業したときのポスターの図柄が描かれている。この作品は裏面に挨拶文の入ったカードで、記念配布された。

絵葉書

鉄道開通五十年記念絵葉書
1922（大正11）年10月14日、鉄道開通50周年記念祝典で記念絵葉書として配布された。絵柄は、客車からの車窓を楽しむ婦人と子どもで場所は不明。鉄道旅行を家族で楽しむ時代が来たことを象徴している。初三郎は、本図のような表紙絵が描かれた鳥瞰図を多数制作した。

東武日光軌道（絵葉書）
1918（大正7）年頃発行の日光軌道（日光駅前〜馬返停留場間）の絵葉書。下野の特産品である野州花（ハナセキショウ）と、玄旨法師（細川幽斎）の紅葉の和歌をあしらっている。

栃尾電鉄沿線景勝図（絵葉書）
1954（昭和29）年、新潟県栃尾から長岡を結ぶ栃尾鉄道の依頼で制作された絵葉書セットのうちの一枚。本図以外の絵葉書には沿線の温泉地や旅館が描かれている。

叡山電鉄御案内（小型版パンフレット）
1927（昭和2）年に発行された叡山電鉄の鉄道・ケーブルカー沿線の見どころをコンパクトにまとめた小型版パンフレット。初三郎は昭和初期に同仕様のパンフレットを多数制作した。

火防秋葉詣で（絵葉書）
1937（昭和12）年頃、遠州鉄道の依頼で制作された絵葉書。初三郎は浜松から天龍川を経て秋葉神社までの参拝遊覧地を描いている。

記念乗車券

京都市交通局乗車券
1955（昭和30）年4月17日に行われた「桓武天皇1150年祭」に合わせ、京都市交通局が発行した記念乗車券。桓武天皇が行った祭礼（祇園祭のルーツとされる）から1150周年を記念して制作されたもので、初三郎は平安神宮および京都市電の車両を描いた。平安神宮御鎮座60年の記念祭も兼ねた行事だった。

栞

門司鉄道管理局栞
1927（昭和2）年に門司鉄道管理局が発行した管内の主要16駅の栞。ただし12駅分しか現存していない。尋常小学校読本にある地理歴史の紹介文の一節、鉄道唱歌、和歌などをモチーフとし、それぞれの駅にゆかりある景観や伝説の挿絵を初三郎が描いている。掲載しているのはそのうちの6枚で、左から阿蘇山（絵柄は噴煙）、鹿児島（絵柄は桜島大根）、太宰府（絵柄は天満宮の梅の花）、唐津（絵柄は虹の松原の松林）、博多（絵柄は元寇）、別府（絵柄は砂むし温泉）。

おわりに

私が最初に触れた吉田初三郎の作品は、本書の第1章でも紹介している「天下無二耶馬全渓の交通図絵」である。

大分県生まれの私が、子供の頃から訪れることが多かった地元を代表する観光地「耶馬渓」の大分交通耶馬渓線沿線を描いた作品で、1926（大正15）年の同作品を模したイラストマップが掲載された観光案内パンフレットは1980年代まで観光協会から配布されていた。1966（昭和41）年生まれの私が小学生の頃に同鉄道は廃止されたが、廃線跡がサイクリングロードとして遺り、鉄道車両が「汽車ぽっぽ食堂」という中津市のドライブインに静態保存されていたこともあり、かつての鉄道風景を身近に感じ続けることができた。

耶馬渓鉄道の起点だった中津駅から10キロほど離れた福岡県豊前市に居住していた高校時代、同市中心部の商店街にある古書店へよく立ち寄り、そこで初三郎の「天下無二耶馬全渓の交通図絵」を知った。表紙をめくり蛇腹式の鳥瞰図を広げると、見慣れた観光案内と同じような構図で「初三郎」のサインがある。気になって店主に訊ねると「これも初三郎のサインがあるよ」と1914（大正3）年の「耶馬渓御案内」を見せてくれた。

デザイン学校に進んだ私は、1987（昭和62）年に地元・豊前市の印刷会社（築上印刷）デザイン室に就職してグラフィックデザイナーとして活動を始めた。学生時代から好みのデザインの印刷物を見つけると、参考にしようとファイリングしてきたが、楽しい絵地図・イラストマップや写真が豊富に掲載されている観光案内に惹かれ、鳥瞰図という地図表現を認識した。

1992（平成4）年、私は地図情報のゼンリンの子会社に転職し、アートディレクターとして活動の幅を広げた。JR西日本の「三都物語」や福岡市の観光マップなどの製作にも携わるなかで、ゼンリンは地図マガジン『ラパン（羅盤）』という雑誌の発行を受け継ぎ、吉田初三郎の作品や人物像を掘り下げる連載「吉田初三郎を探せ！」プロジェクトが始まったことで、私は初三郎作品に魅了されて本格的に蒐集研究を始めたのである。

私は2000（平成12）年春に独立し、愛読していた『ラパン』が2002（平成14）年春に休刊となったことで、地図の魅力を伝えるサイト「地図の資料館」を開設して、吉田初三郎の作品紹介ページも設けた。

2003（平成15）年にはゼンリンが北九州市に「ゼンリン地図の資料館」を開設し、私は企画展の構成をお手伝いすることになった。『ラパン』の連載をもとに2002（平成14）年に刊行された『別冊太陽　大正・昭和の鳥瞰図絵師 吉田初三郎のパノラマ地図』（平凡社）やNHK「新日曜美術館」の影響もあり、初三郎はこの頃一気にブームが再燃した。

ゼンリンでも初三郎展を開催することになり、ご遺族と連絡を取って肉筆画など資料を借り受けて展示を充実させた。初三郎研究の第一人者・藤本一美さんや石黒三郎さんら、先輩研究者とも交流が始まり、さらに初三郎の高弟・前田虹映のご長男からもメールが届き、交流するなかで初三郎や前田虹映に関する資料コピーや写真などの情報をいただいた。

ご遺族と交流するなかで、初三郎の高弟・中村治郎の次男がゼンリン社員だったことを知った。ご長男は初三郎の養子となっている。しかもその方は1995（平成7）年の「ユニバーシアード福岡大会」関連マップなどを担当し、私も選手誘導マップ制作でご一緒していたのである。一気に「初三郎と工房の全容を知りたい」という気持ちが強まっていった。

前田虹映のご長男とは、一緒に九州・四国など西日本各地へ絹本肉筆画や資料の発掘調査に出かけ、初三郎が戦時下に疎開していた熊本県葦北郡では初三郎の息子さんにも出会うことができた。初三郎が疎開先で書き残した日記や和歌、彼の作品を取り上げた記事などを読み解くなかで、印刷技術の進化に合わせて画風を変化さ

せていることに気付いた。

　2004（平成16）年から毎年、初三郎の命日である8月に京都・山科の墓参りを続けた。初三郎経営の観光社を継いだご遺族が経営していた先斗町のスナックで、廃棄予定の紙袋を譲り受けたが、その中には4000枚を超える写真ネガフィルムや初三郎の写真、取材メモなどが含まれていた。先斗町には初三郎が出入りし拠点としていたお店があり、そこでは戦後の直筆トレース図を確認できた。これも廃棄処分するというので、印刷物の元版で貴重だと伝えて、50枚ほどのトレース図を譲り受けた。同じ頃、別のご遺族宅に遺っていた200点超の膨大な絹本肉筆画を古書店から売却する際には、ご遺族の希望を受けて記録撮影にも立ち会った。

　さらに観光社の出版物に名前が掲載されていた京都の老舗印刷会社をご遺族とともに訪問して、実際に初三郎から指示を受けて印刷を担当していた印刷工の方々からも証言を得ることができ、2008（平成20）年に北九州市立自然史・歴史博物館（いのちのたび博物館）で開催された最大規模の初三郎回顧展の図録や、拙著『美しき九州「大正広重」吉田初三郎の世界』（海鳥社）で、断片的ではあったが披露することができた。

　その前後、初三郎の研究を進めていた日本古地図学会が諸般の事情から解散して、初三郎研究は停滞した。2015（平成27）年以降はご遺族や先輩研究者も次々と鬼籍に入り、資料の散逸がより顕著となってきた。残念なことに、初三郎の作品それぞれに興味を持ってくれる方は多いが、体系的に研究をする方は少ない。私自身、地元の福岡では西日本鉄道の社史執筆や資料整理を任され、顧問アドバイザー役にもご指名いただいて福岡の近現代史に関する執筆や仕事が中心となり、初三郎研究は後回しになった。

　2013（平成25）年春、JR九州の広報誌『プリーズ』300号誌上で吉田初三郎と九州の作品を紹介する機会に恵まれた。これを見たドーンデザイン研究所・水戸岡鋭

治さんが、新しく創るJR九州の観光列車の広告展開イメージに初三郎の発想を入れたいと連絡をくれて協力した。それが同年秋に登場したクルーズトレイン「ななつ星in九州」である。

　2017（平成29）年、私が最初に触れた初三郎作品が突如として全国的な脚光を浴びる。文化庁「日本遺産」に大分県中津市や玖珠町が申請した「やばけい遊覧」が登録され、そのメインビジュアルとして「天下無二耶馬全渓の交通図絵」が使われたのである。登録記念特別展の構成や講演も担当させていただき、その後もさまざまなご縁を経て、今回ようやく念願であった「鉄道」作品だけで構成する吉田初三郎作品集が実現した。可能であれば、鉄道を皮切りに「都市」「港湾」「国立公園」「寺社仏閣」などテーマ別の初三郎作品集もつくりたいと夢は広がるし、埋もれている作品や資料の発掘にもつながるのではないかと期待している。

　最後に、作品提供にご協力いただいた石黒三郎さん、初三郎ご遺族代表・阿瀬都さんをはじめとするご遺族の皆さまに感謝申し上げます。

2024（令和6）年12月

益田啓一郎

地域別索引

本書に掲載された鉄道鳥瞰図を都道府県順に掲載しています。数字は掲載ページです。

北海道・東北

旭川市を中心とせる名所交通鳥瞰図 ‥‥‥‥‥‥‥‥ 90
▶発行：旭川市街軌道　▶発行年月日：1930（昭和5）年4月1日

定山渓電鉄沿線名所図絵 ‥‥‥‥‥‥‥‥‥‥‥‥ 108
▶発行：定山渓鉄道　▶発行年月日：1931（昭和6）年10月

みちのくの旅 ‥‥‥‥‥‥‥‥‥‥‥‥‥‥‥‥ 130
▶発行：日本国有鉄道青森地方営業事務所　▶発行年月日：1954（昭和29）年夏

国鉄奥羽本線青森福島間沿線景勝産業鳥瞰図 ‥‥‥‥‥ 136
▶発行：日本国有鉄道秋田鉄道管理局　▶発行年月日：1955（昭和30）年12月

日本国有鉄道仙台鉄道管理局管内鳥瞰図 ‥‥‥‥‥‥ 126
▶発行：仙台鉄道管理局　▶発行年月日：1953（昭和28）年1月

庄内交通路線景勝鳥瞰図 ‥‥‥‥‥‥‥‥‥‥‥‥ 132
▶発行：庄内交通　▶発行年月日：1955（昭和30）年新春

関東

日光電車沿線名所図絵 ‥‥‥‥‥‥‥‥‥‥‥‥‥ 16
▶発行：日光電気軌道　▶発行年月日：1918（大正7）年

塩原電車沿線図絵 ‥‥‥‥‥‥‥‥‥‥‥‥‥‥‥ 26
▶発行：塩原電気軌道　▶発行年月日：1925（大正14）年4月

木暮旅館を中心とせる伊香保榛名の名所交通図絵 ‥‥‥ 46
▶発行：観光社　▶発行年月日：1926（大正15）年

筑波山名所図絵 ‥‥‥‥‥‥‥‥‥‥‥‥‥‥‥‥ 30
▶発行：筑波鉄道　▶発行年月日：1925（大正14）年9月

湊鉄道沿線名所図絵 ‥‥‥‥‥‥‥‥‥‥‥‥‥‥ 28
▶発行：湊鉄道　▶発行年月日：1925（大正14）年5月

水浜電車沿線名所案内 ‥‥‥‥‥‥‥‥‥‥‥‥‥ 68
▶発行：水浜電車　▶発行年月日：1928（昭和3）年4月25日

銚子遊覧交通名勝鳥瞰図絵 ‥‥‥‥‥‥‥‥‥‥‥ 42
▶発行：銚子鉄道・交通教育会　▶発行年月日：1926（大正15）年

秩父鉄道名所図絵 ‥‥‥‥‥‥‥‥‥‥‥‥‥‥‥ 20
▶発行：秩父鉄道　▶発行年月日：1922（大正11）年

東武鉄道沿線名所図絵 ‥‥‥‥‥‥‥‥‥‥‥‥‥ 32
▶発行：東武鉄道・大正名所図絵社　▶発行年月日：1925（大正14）年10月

青梅鉄道沿線名所図絵 ‥‥‥‥‥‥‥‥‥‥‥‥‥ 24
▶発行：青梅鉄道　▶発行年月日：1923（大正12）年

小田原急行鉄道沿線名所図絵 ‥‥‥‥‥‥‥‥‥‥ 54
▶発行：小田原急行鉄道　▶発行年月日：1927（昭和2）年春

京王電車沿線名所図絵 ‥‥‥‥‥‥‥‥‥‥‥‥‥ 62
▶発行：京王電気軌道　▶発行年月日：1928（昭和3）年1月1日

目黒蒲田東京横浜電鉄沿線案内鳥瞰図 ‥‥‥‥‥‥‥ 44
▶発行：目黒蒲田電鉄・東京横浜電鉄　▶発行年月日：1926（大正15）年

湘南電鉄沿線名所図絵 ‥‥‥‥‥‥‥‥‥‥‥‥‥ 92
▶発行：湘南電気鉄道　▶発行年月日：1930（昭和5）年4月1日

江ノ島電車御案内 ‥‥‥‥‥‥‥‥‥‥‥‥‥‥‥ 14
▶発行：江之島電気鉄道　▶発行年月日：1917（大正6）年

甲信越・北陸・東海

富士身延鉄道沿線名所鳥瞰図 ‥‥‥‥‥‥‥‥‥‥ 64
▶発行：富士身延鉄道　▶発行年月日：1928（昭和3）年4月7日

長野電鉄沿線温泉名所交通鳥瞰図 ‥‥‥‥‥‥‥‥ 94
▶発行：長野電鉄　▶発行年月日：1930（昭和5）年春

越後鉄道沿線名所図絵 ‥‥‥‥‥‥‥‥‥‥‥‥‥ 18
▶発行：越後鉄道　▶発行年月日：1921（大正10）年

新潟鉄道管理局管内温泉鳥瞰図 ‥‥‥‥‥‥‥‥‥ 134
▶発行：日本国有鉄道新潟鉄道管理局　▶発行年月日：1955（昭和30）年

福武電鉄及南越鉄道沿線名所図絵 ‥‥‥‥‥‥‥‥ 114
▶発行：福武電気鉄道・南越鉄道　▶発行年月日：1933（昭和8）年10月

大井川鉄道沿線名所図絵 ‥‥‥‥‥‥‥‥‥‥‥‥ 106
▶発行：大井川鉄道　▶発行年月日：1931（昭和6）年12月

日本ラインを中心とせる名古屋鉄道沿線名所図絵 ‥‥‥ 84
▶発行：名古屋鉄道　▶発行年月日：1928（昭和3）年

名岐鉄道全線名勝鳥瞰図 ‥‥‥‥‥‥‥‥‥‥‥‥ 118
▶発行：名岐鉄道　▶発行年月日：1935（昭和10）年1月1日

養老電鉄沿線名所図絵 ‥‥‥‥‥‥‥‥‥‥‥‥‥ 66
▶発行：養老電気鉄道　▶発行年月日：1928（昭和3）年4月15日

参宮急行電鉄沿線名所図絵 ……………………………………………… 102
▶発行：参宮急行電鉄　▶発行年月日：1930（昭和5）年12月

近畿

近江鉄道沿線及院線と諸国の関係 …………………………………… 12
▶発行：近江鉄道　▶発行年月日：1915（大正4）年

奈良電車沿線を中心とせる鳥瞰図絵 ………………………………… 78
▶発行：奈良電気鉄道　▶発行年月日：1928（昭和3）年9月25日

梅小路駅を中心とせる京都近郊鳥瞰図絵 …………………………… 98
▶発行：洛西交通協会　▶発行年月日：1930（昭和5）年6月10日

鞍馬電鉄沿線名所交通鳥瞰図 ………………………………………… 76
▶発行：鞍馬電気鉄道　▶発行年月日：1928（昭和3）年9月10日

京阪電車御案内 ………………………………………………………… 10
▶発行：京阪電気鉄道　▶発行年月日：1914（大正3）年

大軌電車沿線名所図絵 ………………………………………………… 34
▶発行：大軌電車運輸課・吉野電車営業課　▶発行年月日：1925（大正14）年12月25日

神戸有馬電鉄沿線名所交通図 ………………………………………… 82
▶発行：神戸有馬電気鉄道　▶発行年月日：1928（昭和3）年11月1日

神戸市名所交通図絵 …………………………………………………… 100
▶発行：神戸市電気局　▶発行年月日：1930（昭和5）年10月1日

赤穂鉄道沿線名所遊覧交通鳥瞰図 …………………………………… 70
▶発行：赤穂鉄道　▶発行年月日：1928（昭和3）年6月

淡路鉄道沿線名所鳥瞰図 ……………………………………………… 116
▶発行：淡路鉄道　▶発行年月日：1934（昭和9）年4月20日

高野山電車沿線名所図絵 ……………………………………………… 60
▶発行：高野山電気鉄道　▶発行年月日：1927（昭和2）年

新和歌ノ浦名所図絵 …………………………………………………… 38
▶発行：観光社　▶発行年月日：1926（大正15）年5月

中国・四国

井笠沿線を中心とせる備南名所交通図絵 …………………………… 96
▶発行：井笠鉄道　▶発行年月日：1930（昭和5）年初夏

宮島廣島名所交通図絵 ………………………………………………… 74
▶発行：廣島瓦斯電軌　▶発行年月日：1928（昭和3）年8月7日

三呉線沿線鳥瞰図 ……………………………………………………… 120
▶発行：三呉線全通式祝賀協賛会　▶発行年月日：1935（昭和10）年11月14日

萩を中心とせる付近名所図絵 ………………………………………… 36
▶発行：観光社　▶発行年月日：1925（大正14）年

山陽第一荒瀧山名所図絵 ……………………………………………… 40
▶発行：船木鉄道・観光社　▶発行年月日：1926（大正15）年秋

下関及び長府を中心とせる鳥瞰図 …………………………………… 110
▶発行：山陽電気軌道　▶発行年月日：1932（昭和7）年11月3日

琴平急行沿線名所鳥瞰図 ……………………………………………… 112
▶発行：琴平急行電鉄　▶発行年月日：1933（昭和8）年9月1日

松山道後を中心とする名所交通図絵 ………………………………… 56
▶発行：伊予鉄道　▶発行年月日：1927（昭和2）年春

土佐電気沿線名所大図絵 ……………………………………………… 72
▶発行：土佐電気鉄道　▶発行年月日：1928（昭和3）年7月20日

九州

北九州の仙境小倉鉄道沿線名所図絵 ………………………………… 80
▶発行：小倉鉄道　▶発行年月日：1928（昭和3）年9月

九軌沿線御案内北九州図絵 …………………………………………… 104
▶発行：九州電気軌道　▶発行年月日：1931（昭和6）年7月1日

博多湾鉄道沿線名勝図絵 ……………………………………………… 122
▶発行：博多湾鉄道汽船　▶発行年月日：1937（昭和12）年4月30日

北九州鉄道沿線名所遊覧図絵 ………………………………………… 58
▶発行：北九州鉄道・観光社　▶発行年月日：1927（昭和2）年春

肥前鹿島祐徳稲荷神社参拝交通名所図絵 …………………………… 86
▶発行：祐徳稲荷神社　▶発行年月日：1929（昭和4）年1月1日

島原鉄道バス景勝鳥瞰図 ……………………………………………… 128
▶発行：島原鉄道　▶発行年月日：1953（昭和28）年9月

湯平温泉名所図絵 ……………………………………………………… 22
▶発行：湯平村　▶発行年月日：1923（大正12）年9月

天下無二耶馬全渓の交通図絵 ………………………………………… 48
▶発行：耶馬渓鉄道・観光社　▶発行年月日：1926（大正15）年

著者／益田啓一郎（ますだ・けいいちろう）

1966（昭和41）年、大分県宇佐市生まれ。地図情報を提供するゼンリンの子会社を経て、2000（平成12）年に独立。『西日本鉄道創立110周年史「まちとともに、新たな時代へ」』の「第1部 天神発展史」の執筆や、『西日本新聞me』での連載「天神の過去と今をつなぐ」をはじめ、社史・地域史の執筆や編集に携わりながら、10万点余の古写真・資料を収集し、町の歴史・文化の記録や逸話を取材している。近年はNHK「ブラタモリ」や、FBS福岡放送「めんたいワイド」の「ひと駅ノスタルジー」のコーナーといった、テレビ・ラジオ・映画などの監修・企画協力も行う。『美しき九州「大正広重」吉田初三郎の世界』『伝説の西鉄ライオンズ』『古写真・資料でみる松永安左エ門と福岡の近現代史』（いずれも海鳥社）など、著書多数。運営サイト：WEB地図の資料館　http://www.asocie.jp

監修／吉富実（よしとみ・みのる）

1954（昭和29）年、福岡市生まれ。1977（昭和52）年に西日本鉄道株式会社に入社し、軌道福岡市内線廃止代替バスのダイヤ作成を皮切りにバス事業の運行・営業計画に従事し、本格的夜行バスのパイオニア「ムーンライト」や日本最長であった「はかた」号など、多くの高速バス路線開設を企画担当した。（財）運輸経済研究センター調査役などを経て、『西日本鉄道百年史』（2008年刊行）、および『同110年史』（2018年刊行）の編纂を統括し、西鉄広報室で西鉄の企業アーカイブの管理・運用を担当した。慶應義塾大学鉄道研究会OBで、鉄道友の会にも所属し、現在は特定非営利活動法人福岡鉄道史料保存会理事長を務める。

主な参考文献

- ・大正広重物語（大正名所図絵社／1923年）
- ・旅と名所（観光社／1928年）
- ・ラパン（羅盤）（三栄書房・ゼンリン／1995〜2002年）
- ・図録「机上のワンダーランド・摩訶不思議な地図の旅」（師勝町歴史民俗資料館／1995年）
- ・日本一の鳥瞰画仙・絵師 吉田初三郎の鳥瞰図原画目録稿（藤本一美著／私家版／1997年）
- ・図録「パノラマ地図を旅する -『大正広重』吉田初三郎の世界-」（堺市博物館／1999年）
- ・古地図研究 307 吉田初三郎特集（日本古地図学会／2000年）
- ・図録「21世紀にメッセージを託した画家吉田初三郎の世界」（犬山市文化資料／2000年）
- ・図録「レトロでモダンな地図の旅 -鳥瞰図の世界-」（狭山市立博物館／2001年）
- ・別冊太陽 大正・昭和の鳥瞰図絵師 吉田初三郎のパノラマ地図（平凡社／2002年）
- ・図録「観光旅行 -大正〜昭和初期のツーリズム-」（東北歴史博物館／2002年）
- ・鳥瞰図絵師・画家（吉田初三郎の愛弟子）中村治郎作品譜（中村洋志、藤本一美著／私家版／2003年）
- ・図録「美しき日本 大正昭和の旅展」（江戸東京博物館／2005年）
- ・図録「特別展吉田初三郎と八戸」（八戸市博物館／2006年）
- ・鳥瞰図絵師 吉田初三郎（長瀬昭之助著／日本古地図学会／2006年）
- ・パノラマ地図セレクション -吉田初三郎の世界-（堺市博物館／2010年）
- ・図録「NIPPONパノラマ大紀行 -吉田初三郎のえがいた大正・昭和-」（名古屋市博物館／2014年）
- ※そのほか、鉄道各社の社史なども参考としました。

とくに記載のないもの以外、本書掲載の作品はすべて著者の所蔵です。

STAFF

監修	吉富実
制作・編集	造事務所
装丁＆本文デザイン	アダチヒロミ（アダチ・デザイン研究室）

SPECIAL THANKS

阿瀬太紀、吉田博實、阿瀬都、増永孝子、石黒三郎

吉田初三郎 鉄道鳥瞰図

2025年2月10日　第1刷発行

著者	益田啓一郎
発行人	塩見正孝
発行所	株式会社三才ブックス

〒101-0041　東京都千代田区神田須田町2-6-5 OS'85ビル3F

TEL 03-3255-7995（代表）

FAX 03-5298-3520

https://www.sansaibooks.co.jp/

印刷・製本　株式会社シナノ

本書のお問い合わせ先：info@sansaibooks.co.jp

本書に掲載されている写真・記事などを、無断掲載・無断転載することを固く禁じます。

万一、乱丁・落丁のある場合は小社販売部宛てにお送りください。送料小社負担にてお取り換え致します。

©Keiichiro Masuda 2025,Printed in Japan